Der Wert des Streitgegenstandes in bürgerlichen Rechtsstreitigkeiten

Von

Frz. X. Berger
Justizinspektor, München

1935
München, Berlin, Leipzig
J. Schweitzer Verlag (Arthur Sellier)

Druck von Dr. F. P. Datterer & Cie., Freising-München

Vorwort.

Veranlassung zur Herausgabe dieses Werkes ist einerseits die Tatsache, daß der Begriff „Streitwert" eines der widerspruchsvollsten Kapitel des deutschen Zivilprozeßrechtes ist, andererseits der Umstand, daß die einschlägigen Entscheidungen vielfach verstreut und für den Suchenden oft nur unter großem Zeitverlust und mit Kostenaufwand erreichbar sind.

Es ist ein bescheidener Versuch, der Unübersichtlichkeit in der Fülle der Streitwertentscheidungen zu steuern und ein kleiner Beitrag zur Erzielung einer einheitlichen Rechtsprechung.

Zu diesem Zwecke sind wichtige obergerichtliche und oberstrichterliche Entscheidungen bis zum Dezember 1934 verwertet; soweit veranlaßt, ist Stellung genommen.

Die alphabetische Ordnung nach Schlagwörtern macht das Buch zu einem leicht zu handhabenden Nachschlagewerk.

München, im Januar 1935.

Der Verfasser.

Abkürzungen.

AG.	=	Amtsgericht.
a. M.	=	andere Meinung.
BayZ.	=	Zeitschrift für Rechtspflege in Bayern.
Beschl.	=	Beschluß.
BGB.	=	Bürgerliches Gesetzbuch.
DRZ.	=	Deutsche Richterzeitung.
GKG.	=	Deutsches Gerichtskostengesetz.
Gruch.	=	Beiträge zur Erläuterung des deutschen Rechts.
GVG.	=	Gerichtsverfassungsgesetz.
HRR.	=	Höchstrichterliche Rechtsprechung.
JMBl.	=	Justizministerialblatt.
JW.	=	Juristische Wochenschrift.
KG.	=	Kammergericht.
KO.	=	Konkursordnung.
KV.	=	Konkursverwalter.
LG.	=	Landgericht.
MSchG.	=	Mieterschutzgesetz.
OLG.	=	Oberlandesgericht.
RAGO.	=	Rechtsanwaltsgebührenordnung.
RZPO.	=	Reichszivilprozeßordnung.
Rechtspfleger	=	bis Jahrgang 1930: Zeitschrift des Bundes Deutscher Justizamtmänner; ab 1931: Der Deutsche Rechtspfleger (Zeitschrift des Bundes Deutscher Justizamtmänner).
RG.	=	Reichsgericht (Entscheidungen des Reichsgerichts in Zivilsachen).
RGBl.	=	Reichsgesetzblatt.
Rsp.	=	Die Rechtsprechung der Oberlandesgerichte.
RVO.	=	Reichsversicherungsordnung.
SeuffA.	=	Seufferts Archiv für die Entscheidungen der obersten Gerichtshöfe in den deutschen Staaten.
Warn.	=	Die Rechtsprechung des Reichsgerichts auf dem Gebiete des Zivilrechts. Von Warneyer.

Abänderungsklage nach § 323 RZPO.

Der Streitwert entspricht der begehrten Minderung oder Erhöhung der Rente. Er bestimmt sich für die sachliche Zuständigkeit der Gerichte nach dem 12½fachen Jahresbezug der Minderung oder Erhöhung, § 9 RZPO., wenn nicht die geforderte Gesamtminderung oder Gesamterhöhung geringer ist.

Kostenrechtlich aber ist § 10 II oder III GKG. maßgebend.

Wegen dieser Berechnung siehe im übrigen bei: Geldrente und Unterhaltsansprüche. Siehe auch „Beschwerdegegenstand" Buchstabe g.

Ablehnung eines Richters.

Der Streitwert ist niedriger als der des Streitgegenstandes im Prozesse und muß besonders festgesetzt werden. RG. in JW. 97, 348, 22. A. M. Baumbach, Anm. 9 zu § 23 RAGO. (Streitwert der Hauptsache).

Ablehnung eines Sachverständigen.

Streitgegenstand und Beschwerdegegenstand sind nicht gleich dem Hauptanspruch. Sie sind niedriger zu schätzen als dieser selbst. Der Wert des Beweisgegenstandes gibt den Anhaltspunkt für die Schätzung nach § 3 RZPO.

A. M. Baumbach Anm. 9 zu § 23 RAGO. (Streitwert der Hauptsache).

Ablehnung eines Schiedsrichters (s. a. schiedsrichterl. Verfahren).

Der Streitwert ist niedriger als der streitige Anspruch und gem. § 3 RZPO. frei zu schätzen. RG. 41, 362. OLG. Kiel in Rsp. 19, 166.

Bei Beschwerden ist der Streitwert unter Berücksichtigung des dem Schiedsgericht unterbreiteten Anspruchs, aber ganz erheblich niedriger als jener zu bemessen. OLG. Kiel in HRR. 32 Nr. 2303.

Ablehnung eines Urkundsbeamten.

Der Streitwert ist niedriger zu schätzen als der streitige Anspruch selbst. A. M. Baumbach Anm. 9 zu § 23 RAGO. (Streitwert der der Hauptsache).

Absonderungsansprüche.

Bei der Geltendmachung von Absonderungsansprüchen errechnet sich der Wert des Streitgegenstandes nicht aus § 148 der KO.

Streitwert ist vielmehr bei einer von dem Konkursgläubiger gegen den Konkursverwalter angestellten Klage auf Feststellung der Berechtigung zur abgesonderten Befriedigung aus dem Erlös gepfändeter Sachen der Betrag der Forderung oder wenn der Erlös geringer ist, dieser, ohne Berücksichtigung vorhergehender oder gleichzeitiger Pfändungen. OLG. München in BayZ. 1927, 166.

Bei der Klage auf Feststellung einer streitigen Forderung nach § 146 KO. in Verbindung mit dem Anspruch auf Feststellung des Rechts auf abgesonderte Befriedigung ist der letztere Antrag als der höhere für die Streitbewertung maßgebend. Der Streitwert selbst bestimmt sich nach § 6 RZPO.

Eine Zusammenrechnung des Wertes der beiden Ansprüche gemäß § 5 RZPO. findet nicht statt, da mit jenen in Wirklichkeit nur ein Anspruch, wenn auch in verschiedenen Rechtsbeziehungen geltend gemacht wird.

Ist der Wert des Gegenstandes des Pfandrechts, mit dem diese abgesonderte Befriedigung erstrebt wird, geringer, so richtet sich der Streitwert nach dem Werte des Pfandrechts. OLG. Kiel in Rechtspfleger 1930 Heft 2.

Bei Ansprüchen auf Feststellung einer durch Absonderungsrecht gesicherten Konkursforderung bestimmt sich aber der Streitwert aus § 148 KO. Siehe JW. 1927, 517, 7.

Nebenforderungen.

Zinsen und Kosten werden als Nebenforderungen behandelt. RG. 7, 327.

Aktien.

Bei der Klage auf Herausgabe von Aktien ist als Streitwert der Kurswert derselben im Zeitpunkte der Klageerhebung maßgebend. §§ 4, 253, 498 III RZPO.

Wenn aber im Zeitpunkt der Urteilserlassung oder der anderweitigen Beendigung der Instanz (Vergleich, Zurücknahme usw.) der Kurswert der Aktien gestiegen sein sollte, dann errechnen sich rückwirkend die Gerichts- und Anwaltskosten nach diesem höheren Wert. § 9 II GKG.

Ist der Kurswert der Aktien im Zeitpunkte der Instanz niedriger als zur Zeit der Klageerhebung, dann gilt für die Gebührenberechnung der Wert des Streitgegenstandes am Tage der Erhebung der Klage.

Überhaupt ist § 9 II GKG. in allen den Fällen anzuwenden, in denen der Streitgegenstand der gleiche bleibt, der Wert desselben sich aber im Laufe des Prozesses ändert.

Als Urteile, welche die Instanz beenden, gelten: Endurteile, Schiedsurteile, Anerkenntnisurteile, Teilurteile und Versäumnisurteile. Für den Fall des Einspruchs gegen ein Versäumnisurteil lebt unter Umständen die Instanz rückwirkend wieder auf.

Wegen der Streitwertsberechnung in der Zwangsvollstreckung und wegen des Beginns derselben siehe unter Zwangsvollstreckung.

Alternativklagen.

1. Wahlrecht des Klägers.

Bei alternativer Verurteilung mit Wahlrecht des Klägers ist für die Berechnung des Streitwerts der höhere Anspruch maßgebend. RG. in JW. 06, 431.

2. Wahlrecht des Beklagten.

Bei alternativer Verurteilung mit Wahlrecht des Beklagten ist für den Streitwert der Wert der geringeren Leistung maßgebend. KG. in Zeitschrift f. preuß. Justizamtmänner 1932, 77.

3a. Zahlungs- und Herausgabeanspruch. (s. auch Nr. 4).

Der Wert des Zahlungs- und Herausgabeanspruches ist nicht zusammenzurechnen. Der Streitwert ist nur nach dem höherwertigen Anspruch zu berechnen. LG. Aachen in JW. 1932, 2920, 1; LG. Berlin I in JW. 1929, 1695, 1.

3b. Unechte Alternativklagen.

Bei sogenannten unechten Alternativklagen ist der Wert des Zahlungs- und Herausgabeanspruches (zuzüglich einer etwaigen Entschädigungsforderung) zusammenzurechnen. LG. I Berlin in JW. 1929, 1695, 1.

4. Wert des Herausgabeanspruchs.

Als Wert des Herausgabeanspruches ist der Verkaufspreis abzüglich der durch Gebrauch eingetretenen Wertminderung maßgebend. Die Wertminderung ist von Amts wegen zu berücksichtigen.

Amortisationszinsen.

Amortisationszinsen werden dem Hauptsachebetrag hinzugerechnet, soweit sie die gesetzlichen oder vertraglichen Zinsen überschreiten. §§ 4, 5 RZPO. Preuß. JMBl. 02, 216.

Anfechtungsklagen.

I. Anfechtungsklagen auf Grund des Gesetzes, betr. die Anfechtung von Rechtshandlungen eines Schuldners außerhalb des Konkursverfahrens.

a) Streitwert.

Für den Streitwert ist grundsätzlich das gemäß § 3 RZPO. frei zu schätzende Interesse des Klägers maßgebend, das er an der Rückgewähr des aus dem Vermögen des Schuldners herausgenommenen Wertes hat. Die Schätzung ist allerdings nach oben durch die Höhe der Summe begrenzt, zu deren Befriedigung die Anfechtung dienen soll. RG. 47, 376.

Wenn der aus dem Vermögen des Schuldners genommene Betrag, wegen dem Rückgewähr verlangt wird, geringer ist, als die Gesamtansprüche des Klägers, dann bestimmt sich der Streitwert nach diesem geringeren Betrag.

Diesen hat alsdann das Gericht gemäß § 3 RZPO. nach freiem Ermessen festzusetzen, wobei das Maß der Befriedigung zu berücksichtigen ist, auf die der Gläubiger, namentlich im Hinblick auf die darauf ruhenden Lasten rechnen kann. RG. 47, 375, siehe auch Warneyer, AnfGes. Anm. VII vor § 1.

Bei der Anfechtungsklage nach dem AnfGes. ist Streitwert der Wert des Gegenstandes, auf den sich die Anfechtung bezieht, es sei denn, daß der Betrag der zu vollstreckenden Forderung geringer ist: bei einem Grundstück ist es dessen Wert, abzüglich seiner Belastungen. RG. in Warn. 33, 254.

b) Nebenforderungen.

Nach ständiger Rechtsprechung des Reichsgerichts sind in Anfechtungsprozessen auf Grund des AnfGes. die Nebenforderungen (Zinsen, Früchte, Nutzungen, Kosten) im Gegensatz zu § 4 RZPO. der Hauptsache hinzuzurechnen. RG. 26, 4/3 u. 139, 239, auch OLG. Kiel in DRZ. 1934, S. 270, Nr. 268 u. Rechtspfleger 1934, S. 642.

c) Anfechtung auf Grund eines Titels, welcher die Verpflichtung zur Zahlung des gesetzlichen Unterhalts ausspricht.

Der wirkliche Wert der mittels der Anfechtung zu befriedigenden Forderung kann unbedenklich in tatsächlicher Anlehnung an § 9 RZPO. auf das 12½fache des Jahresbetrages des Unterhalts angenommen werden, wozu ferner die rückständigen Beträge bis zur Klageerhebung hinzuzurechnen sind. Siehe Friedlaender, GKG. §§ 9—15, Anm. 108, Note 173. RG. VII. ZS., RG. 139, 238.

II. Anfechtungsklagen des Konkursverwalters auf Grund der Konkursordnung.

Bei Anfechtungsklagen des Konkursverwalters auf Grund der KO. ist Prinzip, daß der Streitwert der Höhe des Vermögenswertes entsprechen muß, der durch die Anfechtungsklage der Konkursmasse verschafft werden soll.

a) Anfechtung einer Pfändung durch den Konkursverwalter.

Der Streitwert errechnet sich aus § 6 RZPO. RG. in JW. 1910, 114, 18.

b) Zinsen im Anfechtungsprozeß.

Die im AnfProzeß des KV. mitgeforderten Zinsen sind als Nebenforderungen anzusehen und haben mithin unberücksichtigt zu bleiben. Die für die Bemessung des Streitwerts aus dem AnfGes. geltenden, aus § 6 RZPO. herzuleitenden Grundsätze können auf Anfechtungsansprüche aus den §§ 29ff. KO. keine Anwendung finden. RG. in JW. 1929, 844, 1.

c) Andere Nebenforderungen.

Für diese gelten die gleichen Grundsätze wie für die Zinsen.

Im übrigen siehe auch unter: Konkurs.

III. Andere Anfechtungsklagen.

a) Anfechtung des Anerkenntnisses der unehelichen Vaterschaft.

Literatur und Rechtsprechung nehmen hinsichtlich des Wertes des Streitgegenstandes keinen einheitlichen Standpunkt ein.

Es besteht sogar Streit darüber, ob die Anfechtung des Anerkenntnisses ein vermögensrechtlicher oder ein nichtvermögensrechtlicher Anspruch sei.

Nachstehend einige Entscheidungen:

Das Oberlandesgericht Kiel (Rechtspfleger 1931, Heft 11) nimmt in Anwendung des § 9 RZPO. den 16fachen Jahresbetrag der Rente als Streitwert an und führt aus:

Es kann wegen der Vorschrift des § 1708 BGB. nicht angenommen werden, daß durch das Anerkenntnis der Vaterschaft die familienrechtlichen Beziehungen der Parteien zueinander festgestellt wären.

Vielmehr ist anzunehmen, daß das Anerkenntnis lediglich deshalb abgegeben ist, um die erforderliche Grundlage für die Verpflichtung zur Zahlung der Rente zu schaffen, ohne für sich selbständige Bedeutung zu haben.

Ficht nun der Kläger das Anerkenntnis an, so will er sich damit nicht die Möglichkeit zurückverschaffen, die Einrede der Mehreren geltend zu machen, sondern er will dem Rechte des Beklagten aus der Urkunde, das auf Unterhalt geht, die nach § 1708 BGB. notwendige Voraussetzung der Vaterschaft entziehen.

Gegenstand des Rechtsstreits war daher nicht das Anerkenntnis der Vaterschaft als solches, also die gar nicht endgültig festgestellte familienrechtliche Seite der Parteien zueinander, auch nicht der ideelle Wert des Umstandes, das Anerkenntnis beseitigt zu wissen, sondern die Rechtsfolge, über die durch Urteil entschieden wurde, nämlich der Vorteil des Klägers, keinen Unterhalt zahlen zu brauchen.

Ist also Gegenstand des Rechtsstreits der Vorteil des Klägers gewesen, keinen Unterhalt zahlen zu müssen, so kann auch von einem nichtvermögensrechtlichen Streit nicht die Rede sein.

Das OLG. Augsburg in BayZ. 1932, 258 führt aus: Die Anfechtung der Vaterschaft ist kein nichtvermögensrechtlicher Anspruch. Der Streitwert für die Anfechtung der Vaterschaft und der Unterhaltsverpflichtung ist der gleiche, wie bei einer Klage auf Anerkennung der Vaterschaft und Unterhaltsleistung.

Das OLG. Nürnberg in BayZ. 1933, 16 u. gleiches Gericht in BayZ. 1926, 262 führt aus: Die Klage auf Freistellung von der Verpflichtung zur Leistung der Unterhaltspflicht ist unter entsprechender Anwendung des § 10 GKG. auf den Betrag des einjährigen Bezugs zu berechnen.

Das OLG. Kiel errechnet den Streitwert (s. Rechtspfleger 1932,

Heft 9) in einem Fall auf den 12½fachen Betrag und zwar in Anwendung des § 9 RZPO.

Das OLG. Stuttgart (in JW. 1930, 1091, 27) erklärt, daß die Anfechtung des Anerkenntnisses der Vaterschaft unter die nichtvermögensrechtlichen Streitigkeiten fällt.

Streitwert gemäß § 11 GKG. daher regelmäßig 2000 RM. Ist mit einem solchen Anspruch ein daraus hergeleiteter vermögensrechtlicher verbunden, so wäre nach § 11 II GKG. nur ein Anspruch und zwar der höhere maßgebend. Für die künftigen fälligen Unterhaltsleistungen gilt nach § 10 II GKG. der Jahresbetrag.

Das OLG. Kiel, 4. ZS. (in Rechtspfleger 1934, S. 478) erklärt gleichfalls die Anfechtung des Anerkenntnisses der unehelichen Vaterschaft für einen nichtvermögensrechtlichen Anspruch: ebenso: Baumbach, Kostengesetze, 4. Auflage, § 11, Anm. 2, S. 35, ferner OLG. München in JW. 1934, 306.

OLG. Kiel (s. o.) führt hiezu aus: Durch die Anerkennung der Vaterschaft eines unehelichen Kindes entstehen insbesondere auch Beziehungen familienrechtlicher Art. Das lehren z. B. die §§ 1310, 1719 u. 1723 BGB. Andererseits sollen durch eine Anfechtungsklage jener Anerkennung die familienrechtlichen Wirkungen wieder genommen werden. Der Streitwert eines solchen Anspruches bemißt sich nach alledem nach § 11 GKG.

Sind neben der Anfechtungsklage vermögensrechtliche Ansprüche erhoben (Unzulässigkeit der Zwangsvollstreckung: Herausgabe der vollstreckbaren Ausfertigung) so ist zu berücksichtigen:

Der Anspruch der Herausgabe der vollstreckbaren Ausfertigung hat keinen selbständigen Wert. Sein Wert wird vielmehr von dem des ersterwähnten umfaßt.

Der Streitwert dieses Anspruchs — Unzulässigkeit der Zwangsvollstreckung — kann nicht höher veranschlagt werden, als der Streitwert einer Klage auf Unterhaltszahlung. Insofern ist § 10, II GKG. entsprechend anzuwenden. Somit ist der Betrag des Rentenbezuges eines Jahres maßgebend. Das kann aber nicht dazu führen, daß die vor Klageerhebung fällig gewordenen Unterhaltsbeträge bei der Ausmittelung des Streitwerts besonders zu berücksichtigen und dem Jahresrentenbetrag hinzuzurechnen sind.

Allerdings ist hinsichtlich der Berechnung des Streitwerts von Klagen auf Zahlung von Renten anerkannt, daß die zur Zeit der Klageerhebung fälligen Rückstände besonders hinzuzuschlagen sind. Diese Rechtshandhabung kann bei einer Klage auf Unzulässigkeit der Zwangsvollstreckung, wie sie hier vorliegt, indessen nicht entsprechend angewandt werden. Da im gegebenen Fall mit einem nichtvermögensrechtlichen Anspruch ein aus ihm hergeleiteter vermögensrechtlicher verbunden ist, so ist bei der endgültigen Festsetzung des Streitwerts nach § 11 II GKG. zu verfahren. Es ist ein Anspruch und zwar der höhere anzusetzen. OLG. Kiel wie oben.

OLG. München in JW. 1934, 306 rechnet die Rückstände hinzu.

b) Anfechtung der Ehelichkeit eines Kindes.

Der Streitwert errechnet sich aus § 11 des GKG. und beträgt daher regelmäßig 2000 RM.

Gebührenrechtlich kann unter den im § 11 GKG. festgesetzten Streitwert heruntergegangen werden, wohl aber ist der Streitwert dem in Ehesachen anzunähern. OLG. Kiel in JW. 1930, 1316, 3.

Wird die Ehelichkeit des Kindes eines **Arbeiters** angefochten, dann ist der Streitwert nicht auf den niedrigst zulässigen Betrag festzusetzen. OLG. Celle in JW. 1933, 2924, 8; ähnlich: KG. 2. ZS. in JW. 1934, 1590, 7.

Das OLG. Karlsruhe (in JW. 1934, 1254, 7) setzte in einem Fall den Streitwert auf 500 RM. fest mit der Begründung, daß beide Teile nicht nur vermögenslos, sondern auch ohne Einkommen und auf die öffentliche Fürsorge angewiesen seien, daß der beklagte Teil der Klage nicht entgegengetreten sei und daß auch keine umfangreiche Beweiserhebung stattgefunden habe.

Es findet daher die Bestimmung des Mindeststreitwerts von 2000 RM. keine Anwendung. OLG. Kiel in HRR. 1929, 1048; JW. 1930, 1316, 3.

c) Anfechtung eines Ausschlußurteils auf Todeserklärung.

Der Streitwert errechnet sich aus § 11 GKG. und beträgt daher regelmäßig 2000 RM. Die vermögens- und wirtschaftlichen Verhältnisse sind lediglich ein Gradmesser für die Herauf- oder Herabsetzung des Streitwerts.

d) Anfechtung von Generalversammlungsbeschlüssen.

Bei Anfechtung derartiger Beschlüsse über die Schaffung von Vorzugsaktien ist das Interesse des Klägers maßgebend, das dieser nach Maßgabe seines Aktienbesitzes an der Beseitigung des Mehrstimmrechts der Vorzugsaktien hat. OLG. Nürnberg in BayZ. 1933, 29.

Siehe auch die Ausführungen in JW. 1930, 3705 über die Anfechtungs- und Nichtigkeitsklagen gegenüber Generalversammlungsbeschlüssen.

e) Anfechtung des Ausschlusses aus einer Genossenschaft.

Der Streitwert errechnet sich aus § 3 RZPO. Der Anspruch ist vermögensrechtlich. OLG. Jena in JW. 1928, 1525, 31.

f) Anfechtung von Gesellschaftsbeschlüssen.

Bei Anfechtung von Beschlüssen über einen Verschmelzungsantrag und über die Zusammenlegung von Stammaktien ist nicht Streitwert der Börsenwert der Aktien des Klägers, sondern das frei zu schätzende Interesse des Klägers an der Vernichtung der angegriffenen Beschlüsse. RG. II. ZS. Beschl. v. 4. 10. 1933, II 1/33 in Rechtspfleger 1934, Heft 1.

g) Anfechtung von Gewerkschaftsbeschlüssen.

Der Kurswert der Kuxe des Klägers bildet der Regel nach die obere Grenze seines Interesses. Ein höheres Interesse kann glaubhaft gemacht werden, jedoch sind daran strenge Anforderungen zu stellen. RG. in JW. 1931, 3552.

h) Anfechtung des Ausschlusses aus einem eingetragenen Verein.

Der Anspruch ist regelmäßig ein nichtvermögensrechtlicher, soweit sich nicht Anhaltspunkte dafür ergeben, daß mit der Klage auch vermögensrechtliche Ansprüche verfolgt werden.

Der Streitwert errechnet sich nach § 11 GKG. unter Berücksichtigung des Interesses des Klägers an der begehrten Feststellung seiner Zugehörigkeit zu dem beklagten Verein. OLG. Kiel, Beschl. v. 23. 2. 31; 3 W 27/31 in Rechtspfleger 1931, Heft 5.

Armenrecht.

a) Streitwert.

Bei Anträgen auf Bewilligung des Armenrechts und bei Beschwerden gegen die Beschlüsse auf Verweigerung des Armenrechts ist der Streitwert nicht der Wert der Hauptsache, sondern gleich dem Betrage der Kosten, den der Antragsteller oder der Beschwerdeführer durch die Bewilligung des Armenrechts vorläufig erspart. OLG. München in BayZ. 1925, 201; OLG. Oldenburg in JW. 1930, 770, 13; OLG. Kassel in JW. 1934, 1592, 10. Das OLG. Celle (JW. 1934, 3298, 6) läßt als Streitwert die Summe der Gerichts- und Anwaltskosten gelten, die der Antragsteller ohne Armenrecht zahlen müßte, bis es zur mündlichen Verhandlung über die Klage kommen würde.

b) Streitwertfestsetzung.

Eine Streitwertfestsetzung ist im Armenrechtsverfahren nicht zulässig. OLG. Breslau in JW. 1928, 2733, 9.

Wird im Beschwerdeverfahren das Armenrecht bewilligt, so hat weder eine besondere Kostenentscheidung zu erfolgen, noch ist eine Streitwertfestsetzung zulässig. OLG. Königsberg in JW. 1932, 1166, 33.

Bei Verweigerung des Armenrechts ist eine Streitwertfestsetzung unzulässig. OLG. Königsberg in JW. 1931, 1831, 17; OLG. Breslau in JW. 1929, 146, 59 und JW. 1929, 879, 30.

c) Maßgebender Streitwert für den Erstattungsanspruch des Anwalts.

Für den Erstattungsanspruch des Rechtsanwalts der Staatskasse gegenüber ist der Streitwert der Armenrechtsbewilligung maßgebend. KG. in JW. 1933, 2018, 10 und JW. 1931, 93, 2.

d) Vergleich über höhere Ansprüche.

Der Anwalt erhält aus der Staatskasse nur seine Gebühren nach Maßgabe seiner Beiordnung vergütet, nicht aus dem höheren Werte nach dem Vergleich. KG. in JW. 1933, 2018, 10 und JW. 1931, 93, 2.

e) Vergleich in Ehesachen.

In Ehesachen ist die Schließung eines Vergleichs nur möglich, insoweit das Rechtsverhältnis der Vergleichsregelung fähig ist. Wird demnach ein Vergleich über die Kostenpflicht geschlossen, unter gleichzeitiger Zurücknahme von Klage und Widerklage, dann ist Streitwert für den Vergleich die Höhe der gerichtlichen Kosten im Zeitpunkte des Vergleichsabschlusses. Siehe auch: OLG. Dresden in JW. 1931, 2046, 23.

Das OLG. Breslau, JW. 1931, 1833, 22, bewilligt hiegegen dem Armenanwalt eine ganze Gebühr von 25 RM.

f) Änderung des Streitwerts durch das Beschwerdegericht.

Das Beschwerdegericht, das nur mit der Höhe der dem Armenanwalt zu erstattenden Gebühren befaßt ist, kann die von der I. Instanz getroffene Festsetzung des Streitwerts ändern. OLG. Königsberg in JW. 1926, 71, 6.

g) Gebührenrückvergütung durch den Anwalt infolge Änderung des Streitwerts.

Die dem Armenanwalt zu erstattenden Gebühren können nur innerhalb der Frist des § 5 GKG. gefordert werden.

Infolgedessen ist folgerichtig, die Beschwerde des Staates gemäß § 18 II GKG. gegen die Streitwertfestsetzung derselben Beschränkung zu unterwerfen, wenn die Beschwerde den Zweck verfolgt, den Streitwert herabzusetzen, um dadurch eine anteilige Zurückzahlung der Anwaltsgebühren herbeizuführen. OLG. Kiel in JW. 1932, 2911, 48.

Bei abgeschlossenem, durch Kostenerstattung und Verrechnung erledigtem Verfahren dürfen festgesetzte Anwaltsgebühren nicht mehr geändert werden, wenn eine so lange Zeit verstrichen ist, daß der Armenanwalt mit einer Änderung der Festsetzung nicht mehr rechnen braucht. ½ Jahr ist unter Umständen keine genügend lange Zeit. OLG. Celle in JW. 1933, 550, 47.

Arrestverfahren.

Das Arrestverfahren bezweckt die Sicherung der zukünftigen Zwangsvollstreckung: es hat demnach die Sicherung einer Forderung zum Gegenstand. Der Streitwert errechnet sich demgemäß nicht nach § 3 RZPO., sondern nach § 6 RZPO. Der Antragsteller will aber nicht bloß, daß seine Hauptforderung gesichert wird, sondern auch seine bisherigen Kosten und insbesondere auch die Kosten des zukünftigen Hauptsacheprozesses.

In Anwendung des § 5 RZPO. ist demnach Streitwert:

Hauptsache und Kostenaversum. Siehe hiewegen: KG. in JW. 1930, 644, 1; OLG. Kiel in JW. 1933, 2227, 14 u. JW. 1933, 1271, 15; LG. I Berlin in JW. 1929, 1695, 2.

Die Mehrzahl der Gerichte haben sich aber für den Betrag der Hauptsacheforderung entschieden, so: OLG. Celle in JW. 1930, 2073, 27; OLG. Breslau in JW. 1930, 1515, 12 u. JW. 1923, 848; LG. III Berlin in JW. 1931, 1204, 2; KG. in JW. 1927, 2150, 2 u. JW. 1928, 2732, 6 u. JW. 1927, 406, 15; OLG. Dresden in JW. 1929, 121, 11; OLG. Düsseldorf in JW. 1927, 2641, 8; KG. in JW. 1931, 2581, 4 u. JW. 1928, 738, 10; OLG. München in BayZ. 1931, 246; OLG. Karlsruhe in HRR. 1930, Nr. 1758; OLG. München in BayZ. 1932, 79; OLG. Hamm in DRZ. 1931, S. 465, Nr. 572; OLG. Köln in DRZ. 1931, S. 529, Nr. 653, OLG. Dresden in Rechtspfleger 1934, 639.

In einer Entscheidung (JW. 1930, 644, 1) hat das Kammergericht außer den Kosten auch die Zinsen zum Streitwert gerechnet.

Eine Anzahl von Gerichten errechnen den Streitwert aus § 3 RZPO. (freies Ermessen) und lassen hiebei das Interesse des Antragstellers an der vorläufigen Sicherungsmaßnahme entscheidend sein, so:

OLG. Marienwerder in JW. 1931, 1115, 28; OLG. Naumburg in JW. 1926, 270, 6 u. JW. 1925, 2373; OLG. Düsseldorf in JW. 1928, 740, 15 u. JW. 1923, 850; OLG. Nürnberg in JW. 1927, 1599, 7; JW. 1926, 855, 32 u. JW. 1933, 540, 23, sowie JW. 1928, 1159, 27.

Das LG. Dresden (JW. 1933, 2782, 3) nimmt in Anwendung des § 3 RZPO. in der Regel die Hälfte des zu sichernden Betrages als Streitwert mit der Begründung, daß Arrest und einstw. Verf. nur vorläufige Sicherungen bezwecken und im besonderen nicht Entscheidungen ermöglichen, die der inneren Rechtskraft fähig sind.

Streitwert bei Haupt- und Hilfsanträgen.

Für den Streitwert des dinglichen Arrestes ist in diesen Fällen der höhere Wert maßgebend, es sei denn, daß der Hilfsantrag lediglich zur Unterstützung des Hauptanspruchs bestimmt ist. OLG. Hamm in Rechtspfleger 1927, 466.

Kostenausspruch im Arrestverfahren.

Das Kammergericht hat mit Beschluß vom 29. 1. 32, JW. 1932, 1159, 15 erklärt, daß im Arrestverfahren für eine Kostenentscheidung überhaupt kein Raum sei. A. M. Anm. I 3 zu § 922 RZPO. Stein-Jonas.

Streitwert für die Arrestvollziehung.

In der Zwangsvollstreckung hört der Begriff Haupt- und Nebenforderung auf. Streitwert ist daher derjenige Betrag, wegen dem die Zwangsvollstreckung betrieben wird. Es gehören demnach das Kostenaversum und die Zinsen zur Hauptforderung und sind mitzuberechnende Teile für die Zwangsvollstreckung.

Aufgebotsverfahren.

a) Zum Zwecke der Todeserklärung:
Der Regelstreitwert beträgt gemäß § 11 GKG. 2000 RM. Die Vermögens- und wirtschaftlichen Verhältnisse sind lediglich ein Gradmesser für die Hinauf- oder Herabsetzung des Regelstreitwertes.
Die Todeserklärung Kriegsverschollener ist gerichtsgebührenfrei. Bare Auslagen werden jedoch erhoben. § 23 der Verordnung über die Todeserklärung Kriegsverschollener.
Wegen Anfechtung eines Ausschlußurteils: siehe Anfechtung.

b) Zum Zwecke der Ausschließung eines Grundstückseigentümers:
Streitwert ist der Wert des Grundstücks unter Berücksichtigung der Belastung.

c) Zum Zwecke der Ausschließung von Hypothek-, Grundschuld- und Rentenschuldgläubigern:
Streitwert ist deren Forderung nebst Zinsen und Kosten; wenn aber der Wert des Grundstücks geringer ist, dieser Wert.

d) Zum Zwecke der Ausschließung von anderen Gläubigern:
Der Streitwert bestimmt sich nach freiem Ermessen unter Berücksichtigung der Forderung bzw. der Vermögensmasse.

e) Zum Zwecke der Kraftloserklärung von Wertpapieren, Aktien usw., welche Kurswert haben:
Streitwert ist der Kurswert der Papiere.

f) Zum Zwecke der Kraftloserklärung von anderen Urkunden (Sparkassenbüchern, Schuldscheinen, Wechseln, Hypothekenbriefen usw.):
Streitwert bestimmt sich nach freiem Ermessen; unter Umständen können auch nur die Kosten der Wiederherstellung der aufgebotenen Urkunde Streitwert sein.

Aufhebung.

a) des Ausschlusses aus einer Genossenschaft:
s. bei Anfechtungsklagen, Nr. III e,

b) eines Schiedsspruches:
s. auch schiedsrichterliches Verfahren.

c) der Errungenschaftsgemeinschaft:
s. bei Errungenschaftsgemeinschaft,

d) der Verwaltung und Nutznießung:
Bei dieser Klage berechnet sich der Streitwert nach dem Interesse der Ehefrau an der Aufhebung, nicht nach dem Vielfachen des Wertes der Nutzungen.
OLG. Nürnberg in BayZ. 1932, 81.

e) der Gütergemeinschaft:
s. bei Gütergemeinschaft.

Auflassung.

Klage auf Löschung der Vormerkung zur Sicherung des Rechts auf Auflassung: siehe unter Löschung.

Auflassungserklärung.

Bei der Klage auf grundbuchamtlichen Vollzug der Auflassungserklärung errechnet sich der Streitwert aus § 3 RZPO. OLG. Nürnberg in BayZ. 1931, 396.

Auflösung.

a) einer G. m. b. H.

Maßgebend ist das Interesse der Klagepartei an der Auflösung. Die Höhe der Gesellschaftsbeteiligung ist nicht ohne weiteres mit diesem Interesse identisch. Auf den vollen Betrag der Stammeinlage würde der Streitwert nur dann festzusetzen sein, wenn die Auflösung erstrebt wird, um den gänzlichen Verlust der bisher unversehrten Einlage zu verhüten. RG. in JW. 1901, 395, 2. Betrifft die Klage die Anfechtung eines Beschlusses über die Auflösung und Liquidation einer G. m. b. H., so ist das Interesse maßgebend, das der Kläger an dem Unterbleiben dieser Maßnahme, also umgekehrt am Fortbestehen der werbenden Gesellschaft hat, und begrenzt nach oben auch den Wert des Beschwerdegegenstandes der Beklagten, selbst wenn ihr Interesse am Eintreten dieser Maßnahme höher wäre. RG. II. ZS. in JW. 1930, 2704, 33.

Regelmäßig bildet auch bei derartigen Anfechtungsklagen gegen Beschlüsse von Gesellschafterversammlungen der Wert der Gesellschaftsanteile des Klageteils die obere des Streitwerts. RG. in JW. 1931, 3552, 12, siehe auch RG. II. ZS. in Rechtspfleger 1934, S. 639, 640.

b) eines gegenseitigen Vertrages.

Maßgebend ist das Interesse des Klägers an der Auflösung. Der Streitwert wird gemäß § 3 RZPO. nach freiem Ermessen bestimmt. RG. in JW. 1903, 3, 1.

Aufsichtsrat.

Der Streit über die Zugehörigkeit zum Aufsichtsrat einer Aktiengesellschaft ist ein vermögensrechtlicher Anspruch. RG. in HRR. 28, Nr. 1728.

Auskunftserteilung (und Rechnungslegung).

Auskunftserteilung nach § 2028 BGB. siehe Erbe.

a) Streitwert. (Auskunftserteilung.)

Bei einer solchen Klage spielt die Höhe des Objekts, über das Auskunft erteilt werden soll, nur eine untergeordnete Rolle. Maßgebend für den Wert eines solchen vorbereitenden Verfahrens ist zunächst nach feststehender Rechtsprechung des Reichsgerichts das Interesse, das der

Kläger daran hat, daß ihm durch die Auskunftserteilung die Begründung seines Anspruches auf Zahlung erleichtert wird.

S. WarnRspr. 1909, Nr. 41, SeuffA. 46, Nr. 284 u. OLG. München in BayZ. 1934/321.

b) Streitwert. (Rechnungslegung.)

Bei der Stufenklage nach § 254 RZPO. ist bezüglich der vorbereitenden Klage auf Rechnungslegung der Streitwert durch Schätzung unter Berücksichtigung des Interesses des Klägers an der Rechnungslegung zu ermitteln (§ 3 RZPO.). Er kommt keinesfalls dem Streitwert des Hauptanspruches gleich. Letzterer bildet nur die denkbar höchste Grenze. RG. in JW. 1932, 2893, 3; OLG. Nürnberg in JW. 1927, 532, 15.

Maßgebend ist das Interesse, das der Kläger daran hat, daß ihm durch die Rechnungslegung die Begründung seines Anspruches auf Zahlung erleichtert wird.

Ständige Rechtsprechung des Reichsgerichts. Vgl. Beschl. vom 13. Okt. 1933 VII 206/33: JW. 1933, 2769 = Warn. 1933 Nr. 185, Beschl. vom 21. 11. 1933, VII 300/33 = Warn. 1934, Nr. 15, Beschl. vom 25. 9. 1934, VII 300/34 in JW. 1934, 2771, 10. Für den Streit wegen Erteilung eines Buchauszuges gilt dasselbe. RG. in Warn. 1934 Nr. 344, auch in JW. 1934, 2771, 10.

c) Streitwert. (Rechnungslegung und Zahlung.)

Die beiden Werte sind gem. § 5 RZPO. für die Feststellung der sachlichen Zuständigkeit zusammenzurechnen. Für die Gebühren des Gerichts und des Anwalts errechnet sich aber der Streitwert aus § 12 GKG., wonach nur der höhere Anspruch maßgebend ist.

d) Mehrere Beklagte.

Wenn mehrere Beklagte gem. § 254 RZPO. verklagt werden, muß der Wert des Streitgegenstandes gegen jeden einzelnen Beklagten gesondert ermittelt werden: sodann erfolgt Zusammenrechnung gem. § 5 RZPO.

e) Späterer höherer Streitwert.

Ergibt sich auf Grund der gelegten Rechnung ein höherer Streitwert, als das Gericht für die Auskunftserteilung angenommen hat, so begründet dieser Umstand keine Erhöhung des Streitwerts für den Prozeß auf Auskunftserteilung.

f) Wert des Beschwerdegegenstandes.

Ist der Beklagte zur Auskunftserteilung verurteilt, so ist für den Wert des Beschwerdegegenstandes in der Revisionsinstanz maßgebend das Interesse, das der Beklagte daran hat, die Auskunft, zu deren Erteilung er verurteilt ist, nicht zu erteilen, d. h. nach dem Interesse des Klägers an der Geheimhaltung, nicht dagegen nach der Höhe des Hauptanspruches selbst. RG. Urt. vom 14. 2. 10 in Gruch. 54, 1106 u.

RG. Beschl. vom 13. 10. 1933, VII 206/33 in JW. 1933, 2769, 9 (abgedruckt in Rechtspfleger 1934 Heft 1).

Ist der Beklagte zur Rechnungslegung verurteilt worden, so ist Streitwert das Interesse, das der Beklagte an der Nichtlegung der Rechnung hat. RG. Beschl. v. 25. 9. 1934, VII 300/34 in JW. 1934, 2771, 10. Für den Streit wegen Erteilung eines Buchauszuges gilt dasselbe. RG. in Warn. 1934, Nr. 344, auch in JW. 1934, 2771, 10.

g) Streitwert bei Vergleichsabschluß.

Wird ein Vergleich geschlossen, so bildet die Vergleichssumme den einzigen Anhaltspunkt für den Streitwert. Von der Vergleichssumme ist daher auszugehen.

Der Streitwert der Ansprüche auf Rechnungslegung und Auskunftserteilung ist jedoch nicht schlechthin der endgültig verlangten Summe gleichzusetzen, denn diese beiden Ansprüche sind nur vorbereitender Natur, insoferne, als sie lediglich die Grundlage für den später geltend zu machenden Leistungsanspruch schaffen sollen. Ihr Wert ist daher niedriger als der Wert dessen, was der Kläger nach erfolgter Rechnungslegung und Auskunftserteilung verlangt. Der Wert des Klageanspruches ist daher niedriger einzuschätzen als die Vergleichssumme.

Für die Vergleichsgebühr ist jedoch der Streitwert entsprechend der Vergleichssumme anzusetzen. OLG. Kiel in Rechtspfleger 1931, Heft 4.

Ausländische Währung.

Ist auf Zahlung in ausländischer Währung geklagt, dann ist für die sachliche Zuständigkeit der im Zeitpunkt der Klageerhebung geltende Kurswert der Streitwert. Wegen der Änderung des Streitwerts (Erhöhung) im Laufe des Prozesses gelten die bei „Aktien“ gemachten Ausführungen. Wegen der Berechnung des Streitwerts in der Zwangsvollstreckung siehe dort.

Es ist gleichgültig, ob die Klage auf einen Schuldschein, Wechsel, Scheck usw. gestützt wird.

Ausschluß.

Klage auf Aufhebung des Ausschlusses aus einer Genossenschaft s. bei Anfechtungsklagen Nr. IIIe.

Klage auf Ausschluß eines Gesellschafters aus einer Ges. m. beschr. Haftung s. bei Gesellschaft.

Klage auf Anfechtung des Ausschlusses aus einem eingetragenen Verein im Sinne des § 21 BGB. s. bei Anfechtungsklagen III h.

Aussonderungsansprüche.

Bei der Geltendmachung von Aussonderungsansprüchen errechnet sich der Streitwert nicht aus § 148 KO. Maßgebend ist der Wert des

Gegenstandes, dessen Aussonderung aus der Konkursmasse verlangt wird.

Baugeldsicherungshypothek.

Bei der einstweiligen Verfügung auf Eintragung einer Baugeldsicherungshypothek errechnet sich der Streitwert aus § 6 RZPO., weil der Gegenstand der einstw. Verfügung die Sicherstellung der fraglichen Forderung ist und diese Sicherstellung durch Eintragung der Sicherungshypothek erreicht wird, wenn diese auch nur auf einer einstw. Verfügung beruht. OLG. Stettin in JW. 1929, 211, 12.

Der Streitwert ist gemäß § 6 RZPO. (einstw. Verfügung auf Vormerkung zur Sicherung des Anspruchs auf Einräumung einer Baugeldsicherungshypothek) der Betrag der zu sichernden Forderung. OLO Kiel in Rechtspfleger 1932, Heft 9.

Beamte.

Bei Ansprüchen auf wiederkehrende Leistungen aus dem Beamtenverhältnis errechnet sich der Streitwert aus § 9 RZPO. Zu den wiederkehrenden Leistungen gehören nicht nur die Ansprüche auf Gehalt, Lohn und Ruhegeld, sondern auch ev. Naturalleistungen, wie überhaupt alle Ansprüche, welche mit Rücksicht auf das Beamtenverhältnis regelmäßig wiederkehren.

Gebührenrechtlich gilt aber der in § 10 III GKG. festgelegte Wert, also der 5fache Betrag des Jahresbezugs, wenn nicht die Gesamtleistungen geringer sind.

Der Streit um den Anspruch auf Ausgleichung der Minderbezüge des Klägers infolge seiner von der Beklagten zu vertretenden verfrühten Versetzung in den Ruhestand (§ 618 III mit § 844 BGB.) geht auf eine wiederkehrende Leistung. Der Wert des Streitgegenstandes ist der 5fache Jahresunterschiedsbetrag zwischen Diensteinkommen und Pension. OLG. Nürnberg in BayZ. 1931, 113.

Bedingte Ansprüche.

Bei bedingten Ansprüchen ist der Streitwert unter Berücksichtigung der Wahrscheinlichkeit des Eintritts der Bedingung zu schätzen. RG. in JW. 1896, S. 187.

Begräbnisinstandhaltung.

Bei solchen Klagen, wo die Teilleistungen durch die jeweiligen, innerhalb der einzelnen Jahre wechselnden Bedürfnisse bestimmt werden, ist der Streitwert nach § 3 RZPO. zu schätzen.

§ 9 RZPO. setzt wiederkehrende, d. h. gleichbleibende Leistungen voraus. RG. in HRR. 1928 Nr. 1035.

Bergelohn.

Für die Klage aus § 39 der Strandungsordnung vom 17. Mai 1874 sind trotz ihrer besonderen rechtlichen Natur nach der in Rechtsprechung und Schrifttum vertretenen Ansicht (siehe RG. 56, 393) die Bestimmungen der RZPO. maßgebend.

Der Streitwert bestimmt sich nach § 3 RZPO.

Die Klage hat inhaltlich den Charakter eines Rechtsmittels: es sind demnach für die Wertbemessung die entsprechenden Bestimmungen der RZPO. heranzuziehen.

Als Streitwert kommt der Unterschied zwischen dem vom Strandungsamt zugesprochenen und dem Betrage des Klageantrags in Betracht. OLG. Kiel, Beschl. v. 4. 3. 1930, 2 W 49/30 in Rechtspfleger 1930, Heft 11.

Berichtigung (und Ergänzung) des Urteils.

Die §§ 319 und 320 RZPO. betreffen die Berichtigung offenbarer Schreibfehler, Rechnungsfehler und ähnlicher Unrichtigkeiten, welche in dem Urteil oder dem Tatbestand enthalten sind.

Der Wert des Streitgegenstandes ist der der Hauptsache.

Der Anwalt erhält für seine Tätigkeit eine Gebühr in Höhe von $^{3}/_{10}$ gem. § 23 Nr. 15 RAGO. Die Gebühr steht aber nur dem Anwalt zu, dessen Tätigkeit sich ausschließlich auf das Berichtigungsverfahren beschränkt (§§ 29 Nr. 6 und 25 RAGO.). Gerichtskosten werden nicht erhoben.

Der § 321 RZPO. betrifft die Ergänzung des Urteils. Als Wert des Streitgegenstandes hat der Wert des übergangenen Anspruchs zu gelten.

Für die Gerichtskosten gilt § 26 GKG.,
für die Anwaltsgebühren gilt folgendes:

a) beschränkt sich die Tätigkeit des Anwalts ausschließlich auf die Urteilsergänzung, dann erhält er im Verfahren die Regelgebühren der §§ 13ff., RAGO. zu berechnen nach dem Wert des übergangenen Anspruchs;
b) war dagegen der Anwalt im Prozeß Parteivertreter, dann erhält er für das Ergänzungsverfahren, weil zur Instanz gehörig, keine Gebühren. Er hat aber Anspruch auf eine etwa anfallende Beweis- und Schlußverhandlungsgebühr, wenn er diese Gebühren aus diesem Streitwertsteilbetrag im vorhergegangenen Rechtsstreit noch nicht verdient hat.

Beschwerdegegenstand in der Berufungs- und Revisionsinstanz.

Voraussetzung für die Einlegung eines Rechtsmittels ist die Beschwer.

Für die Berechnung des Wertes des Beschwerdegegenstandes ist der Zeitpunkt der Einlegung des Rechtsmittels maßgebend. §§ 511a und 546 RZPO. unter Anwendung der §§ 3—9 RZPO. RG. 118, 323.

Der Wert des Beschwerdegegenstandes kann vom Wert des Streitgegenstandes verschieden sein, ihn aber in keinem Fall übersteigen. RG. 98, 87.

Der Wert des Beschwerdegegenstandes ist demnach gleich dem Wert des Streitgegenstandes in der Berufungsinstanz. Siehe hiewegen Ausf. in JW. 1933, 503.

Die Beschwerdesumme muß aber nicht nur zur Zeit der Einlegung des Rechtsmittels, sondern auch zur Zeit der letzten mündlichen Verhandlung vorhanden sein. RG. 118, 150.

Die Berufung ist demnach als unzulässig zu verwerfen, wenn zwischen der Urteilsverkündung und der Einlegung des Rechtsmittels sich die Hauptsache erledigt. OLG. Nürnberg in BayZ. 1932, 332.

Die Berufung bleibt aber zulässig, wenn der Beklagte nach Einlegung der Berufung die Hauptsache und die Zinsen bezahlt, die Kosten aber die Berufungssumme erreichen. RG. 118, 149.

a) Streitwert, wenn die Berufungsschrift keinen bestimmten Antrag enthält.

Der Streitwert der Berufung richtet sich, sofern die Berufungsschrift keinen Hinweis auf den Umfang der beabsichtigten Anfechtung enthält, nach dem innerhalb der Begründungsfrist gestellten Berufungsantrag. Entscheidend ist die Einreichung, nicht die Zustellung des Antrags. KG. in JW. 1933, 1669, 8.

Wird die Berufung ohne bestimmten Antrag eingelegt, dann gilt das ganze Urteil, soweit es den Berufungskläger beschwert, als angefochten. RG. 25, 380 und RG. 17, 374.

Enthält die Revisionsschrift keinen Antrag, so ist der volle Wert des möglichen Beschwerdegegenstandes als Streitwert anzusehen. RG. 82, 359.

b) Berufung wegen Zinsen.

Bei Erledigung des Rechtsstreits in der Hauptsache ist eine Berufung gegen die Entscheidung über die Zinsen nur zulässig, wenn sie den Betrag der Berufungssumme (100 RM.) übersteigen. Die Kosten des Rechtsstreits dürfen nicht hinzugerechnet werden. RG. in JW. 1931, 1035, 12.

c) Berufung gegen Kostenurteil.

Berufungssumme für das Kostenurteil richtet sich nach dem Kostenbetrag, nicht nach dem Streitwert der Hauptsache. OLG. Königsberg in JW. 1929, 883, 39 und LG. Stuttgart in JW. 1932, 2923, 7.

d) Berufung bei Leistung gegen Gegenleistung.

Zur Feststellung der Beschwer des Rechtsmittelklägers darf der Wert der Gegenleistung nicht abgezogen werden. RG. 140, 359.

e) Antrag auf Ausspruch des Verlustes des Rechtsmittels.

Der Streitwert des Antrags auf Ausspruch des Verlustes des Rechtsmittels der Berufung ist nach dem Hauptanspruch zu bemessen. OLG. Düsseldorf in JW. 1933, 2713, 10; OLG. Nürnberg in BayZ. 1931, 230 und RG. in JW. 1894, 85, 19.

A. M. Schätzung nach § 3 RZPO. und nicht nach dem Hauptanspruch. KG. in JW. 1933, 1078, 15.

f) Berufung gegen ein Zwischenurteil.

Bei einem Zwischenurteil über eine prozeßhindernde Einrede ist der Beschwerdegegenstand der Klageanspruch. RG. 40, 416.

g) Berufung gegen Urteile auf Leistung von Unterhalt.

Bei der Berechnung des Beschwerdegegenstandes sind die zwischen der Klageerhebung und der Berufungseinlegung fällig gewordenen Beträge dem Streitwert II. Instanz nicht gesondert hinzuzurechnen. OLG. Frankfurt/Main in JW. 1932, 2909, 46; OLG. Köln in JW. 1928, 126, 16; OLG. Hamm in JW. 1927, 1327, 17; OLG. Dresden in JW. 1929, 600, 11; OLG. Kassel in JW. 1931, 1389; RG. 114, 274; OLG. Köln in JW. 1934, 3149, 7, a. M. OLG. Kiel in JW. 1927, 1328, 19.

OLG. Hamburg in JW. 1927, 1169, 12 behandelt bei Rentenerhöhungsklagen (§ 323 RZPO.) die bis zur Einlegung der Berufung aufgelaufenen Beträge als Rückstände und rechnet sie dem nach § 10 GKG. zu errechnenden Streitwert gesondert hinzu.

h) Verbesserung der Sache.

Bei der Berechnung des Streitgegenstandes für die Berufungsinstanz bleibt eine von der Partei vorgenommene Verbesserung der Sache unbeachtlich. OLG. Königsberg in JW. 1932, 2903, 22; JW. 1932, 1229, 5.

i) Streit über die Fälligkeit einer Forderung.

Beschwert sich der Schuldner lediglich darüber, daß die Fälligkeit einer Forderung auf einen früheren als den von ihm gewollten Zeitpunkt angenommen worden ist, so bestimmt sich der Beschwerdewert nach dem gem. § 3 RZPO. frei zu schätzenden Interesse des Schuldners an der späteren Fälligkeit. Ist aber nicht bloß die frühere oder spätere Fälligkeit, sondern zugleich die Forderung an sich streitig, so ist für die Bestimmung des Streitwerts oder Beschwerdewerts nur der Betrag der Forderung maßgebend. RG. in Rechtspfleger 1928, 126.

k) Wegen „Futterkosten" siehe dort.

l. Hilfsanträge.

Bei Hilfsanträgen bestimmt sich der Streitwert nach dem höherwertigen. Ist demnach über beide Anträge (Haupt- und Hilfsantrag) zu entscheiden, dann ist stets der weitergehende Antrag für die Streitwertberechnung maßgebend. JW. 1903, 174, 2; JW. 1904, 473, 15 und RG. 58, 295.

Für die Rechtsmittelinstanz gilt das gleiche.

Gelangt aber von den gestellten Anträgen nur einer in die höhere Instanz, dann ist für die Berechnung des Beschwerdegegenstandes sein Wert maßgebend.

m) Grunddienstbarkeit.

In den Rechtsmittelinstanzen ist das Interesse des Klägers für die Berechnung der Beschwerdesumme maßgebend, ohne Rücksicht auf den nach § 7 RZPO. zu berechnenden Streitwert. RG. 63, 100; 67, 81 und JW. 1911, 948, 18.

n) Konkurs.

Maßgebend ist das Verhältnis der Teilungs- zur Schuldenmasse im Zeitpunkt der Einlegung des Rechtsmittels. Siehe auch bei: Konkurs.

o) Miete und Pacht: siehe dort.

p) Unlauterer Wettbewerb.

In der Revisionsinstanz ist für die Revision des Beklagten sein in Geld anzuschlagendes Interesse an der Aufhebung des Verbots und der Untersagung von Inseraten, sowie an der Veröffentlichung des Urteils entscheidend. RG. in JW. 1905, 113.

Maßgebend ist das Interesse des Revisionsklägers an der Aufhebung, bzw. Erlassung des urteilsmäßigen Verbots, das jedoch den Streitgegenstand nicht übersteigen kann. Anm. 5 A d zu § 1 Kahn und Weiß, II. Auflage; siehe auch Entsch. d. RG. bei Pinner u. Eyck, Anm. B II h zu § 1.

q) Einzelfälle.

Wenn Kläger erklärt hat, daß die Hauptsache erledigt sei, der Beklagte aber den Antrag auf Abweisung der Klage stellt, ist Streitwert die Hauptsache. OLG. München in BayZ, 1927, 274.

Wenn Kläger nur gegen den Beklagten B Berufung eingelegt und der Beklagte C aber gegen den Kläger A Berufung einlegt, fehlt wegen des Mangels der Wechselseitigkeit der Berufungen die Möglichkeit, den Streitwert nach dem einfachen Werte des Streitgegenstandes zu berechnen. Deshalb ist der Streitwert für jedes Rechtsmittel gesondert zu berechnen. OLG. Kiel in JW. 1932, 2910, 47.

Die Anschlußberufung des Beklagten gegen ein dem Klageanspruch zu ½ stattgebendes Urteil betrifft die Hälfte des Gesamtwertes. § 13 GKG. ist nicht anwendbar, solange nicht feststeht, ob Berufung und Anschlußberufung einheitlich oder getrennt verhandelt werden. OLG. Düsseldorf in JW. 1932, 3641, 14.

Die Beschwerdegrenze von 100 RM. gilt nicht für Beschwerden gegen Streitwertfestsetzungsbeschlüsse. OLG. in JW. 1933, 1270, 11.

Gegen den Beschluß des Landgerichts, durch den über eine Beschwerde gegen einen Festsetzungsbeschluß des Amtsgerichts entschieden wird, ist eine weitere Beschwerde nicht zulässig. JW. 1929, 1672, 11.

Auskunftserteilung: siehe dort.

Betagte Forderung.

Bildet eine bestrittene Geldforderung den Gegenstand des Rechtsstreits, so ist der Streitwert regelmäßig nach dem Betrage der Forderung festzusetzen, ohne Rücksicht darauf, ob diese bereits fällig oder betagt ist. BayZ 1930, 13.

Beweissicherung.

Der Wert des Streitgegenstandes deckt sich fast regelmäßig mit dem Hauptanspruch selbst.

Wird aber die Sicherung des Beweises nur bezüglich eines Teiles des Hauptanspruchs begehrt, dann ist dieser Teil der Streitgegenstand. Erstreckt sich das Sicherungsverfahren auf den Gesamtgegenstand des Rechtsstreits, dann ist der Streitgegenstand gleich dem Streitwerte des Prozesses. KG. in Rsp. 19, 50; siehe auch Anm. 1 zu § 22 RAGO. v. Willenbücher.

Brandversicherungssumme.

Wenn Streit über das Pfandrecht hieran besteht: siehe unter Feststellung.

Bürge.

a) Bürge von Unterhaltsansprüchen.

Wird ein Bürge auf Zahlung von Unterhaltsansprüchen verklagt, welche auf gesetzlicher Vorschrift beruhen, ohne daß die Bürgschaft selbst streitig ist, erfolgt die Streitwertberechnung für die Gerichts- und Anwaltskosten nach § 10 II oder III GKG. OLG. Königsberg in JW. 1926, 2477, 12.

Es ist unerheblich, ob der Rechtsstreit zwischen dem Unterhaltsberechtigten und Unterhaltsverpflichteten geführt wird.

§ 10 II u. III GKG. ist vielmehr überall dann anwendbar, wenn die Entscheidung des Rechtsstreits davon abhängt, ob und in welcher Höhe eine Unterhaltsverpflichtung besteht.

Die Feststellung des Streitwerts für die sachliche Zuständigkeit erfolgt nach § 9 RZPO. (s. auch § 23 GVG.).

b) Feststellung des Bestehens oder Nichtbestehens einer Bürgschaftsverpflichtung.

Bei diesen Klagen kommt es bei der Feststellung des Streitwerts nicht darauf an, bis zu welchem Betrage der Bürge einmal in Anspruch genommen wird, sondern nur darauf, welches der Betrag der zu sichernden Forderung ist und bis zu welchem Betrage der Bürge zu haften hat. KG. in JW. 1933, 2402, 10.

c) Klage auf Befreiung von einer Bürgschaftsverpflichtung.

Bei der Klage auf Befreiung von einer Bürgschaft für die Miete ist in Würdigung der Verhältnisse ein geringerer Streitwert festzusetzen als das Höchstmaß der in Frage kommenden Leistungen. OLG. München in DRZ. 1929, Nr. 1107.

Bei der Festsetzung des Streitwerts ist die anderweitige Deckung des Bürgen zu berücksichtigen. OLG. Kiel in Rsp. 1933, 73.

d) Zivilrechtlicher Bürge einer Wechselschuld.

Bei Inanspruchnahme des Bürgen sind die Nebenkosten dem Hauptanspruch hinzuzurechnen. KG. in Rsp. 1921, 63.

e) Nebenforderungen.

Die gegen den Hauptschuldner entstandenen Kosten sind bei einer Klage gegen den Bürgen auf Grund seiner Bürgschaftsverpflichtung Nebenforderungen. RG. 56, 257.

Wenn aber der in Anspruch genommene Bürge gegen den Hauptschuldner klagt, sind die Zinsen nicht Nebenforderungen.

Devisen.

Klage auf Zahlung in Devisen. Es gelten hiefür die unter „Aktien" gemachten Ausführungen.

Duldung der Zwangsvollstreckung in das eingebrachte Gut der Ehefrau.

a) Gesonderte Klage gegen den Ehemann auf Duldung.

Literatur und Rechtsprechung nehmen keinen einheitlichen Standpunkt ein. Während einerseits angenommen wird, daß der Wert des Duldungsanspruches immer gleich dem Werte des Hauptanspruches gegen die Ehefrau ist, wird andererseits wieder angenommen, daß der Wert des eingebrachten Gutes entscheidet, wenn dieses geringer ist als der Forderungsanspruch gegen die Ehefrau.

Die letztere Meinung hat zweifellos viel für sich, berücksichtigt aber meines Erachtens allzusehr die Interessen des Beklagten. Da für Klagen fast ausschließlich das Interesse des Klägers maßgebend ist, muß auch hier zunächst das Interesse des Klägers an der beabsichtigten Rechtsverfolgung festgestellt werden.

Das Interesse des Klägers ist aber gleich seinem Anspruch gegen die Ehefrau. Er mag vielleicht im Augenblicke der Klagestellung nur insoweit Interesse an der Duldungspflicht des Ehemannes haben, als der Wert des eingebrachten Gutes beträgt: tatsächlich wirkt aber der Titel über das augenblickliche Frauenvermögen hinaus, denn was die Frau zu einem späteren Zeitpunkte als eingebrachtes Gut erwirbt (z. B. durch Schenkung oder Erbschaft) unterliegt ja gleichfalls der Verwaltung und Nutznießung durch den beklagten Ehemann, und auf Grund des Titels hat er auch in dieses später erworbene Frauenvermögen die Zwangsvollstreckung zu dulden.

Unter diesem Gesichtspunkt betrachtet, ist das Interesse des Gläubigers immer gleich dem Werte seiner Forderung gegen die Ehefrau.

Demnach ist auch der Wert des Streitgegenstandes für die Duldungsklage gleich dem Betrage, wegen dem der Ehemann die Zwangsvollstreckung zu dulden hat, ohne Rücksicht darauf, ob eingebrachtes Gut vorhanden ist oder nicht, also: Hauptsache, gegen die Ehefrau festgesetzte Kosten und die Nebenforderungen.

b) Klage auf Leistung gegen die Ehefrau und Duldung gegen Ehemann.

Der Streitwert errechnet sich gegen beide einheitlich: Leistungs- und Duldungsanspruch werden nicht zusammengerechnet.

c) Bei gesonderter Klage auf Duldung ist die Höhe der Forderung maßgebend, ohne Rücksicht darauf, ob eingebrachtes Gut vorhanden ist oder nicht. OLG. Marienwerder in Rsp. 1927, 165; Kraemer, KGBl. 1918, 39, ebenso RG. in JW. 1896, 172, 14 und KG. in JW. 1934, 3005, 7.

d) Bei gesonderter Klage auf Duldung ist der Wert des eingebrachten Gutes maßgebend, wenn er geringer ist als die Forderung gegen die Ehefrau. OLG. Kiel in DRZ. 1932, Nr. 805; Anm. III, 3 zu § 6 RZPO. v. Stein-Jonas; KG. in JW. 1933, 2074, 11.

e) Kostenhaftung bei Obsiegen des Ehemannes.

Im Falle der §§ 3, 51 RAGO. errechnen sich für Klagen gegen Eheleute, soferne der Ehemann nur wegen Duldung in Anspruch genommen wird, die Gebühren des gemeinsam vertretenen Prozeßbevollmächtigten gegen jeden der beiden Streitgenossen nach dem vollen Werte des Anspruchs gegen die Ehefrau.

Beide Streitgenossen haften demnach für diese Kosten gesamtverbindlich, so daß beim Obsiegen nur des Ehemannes als ihm erwachsene Anwaltskosten die vollen Anwaltsgebühren in Betracht kommen können.

Soferne er also die Zahlung der Anwaltsgebühren gerade durch ihn glaubhaft macht oder wegen unstreitig feststehender oder nachgewiesener Zahlungsunfähigkeit der Frau sich diese Glaubhaftmachung erübrigt, sind ihm die vollen Kosten zu erstatten. KG. in JW. 1933, 2074, 11.

Ehelichkeit eines Kindes; hier Anfechtung; siehe unter Anfechtung.

Ehesachen.

a) Ehesachen sind:

Streitigkeiten, welche die
Scheidung }
Nichtigkeit } einer Ehe oder
oder Anfechtung }
die Feststellung des Bestehens oder Nichtbestehens einer Ehe zwischen den Parteien oder
die Herstellung des ehelichen Lebens
zum Gegenstande haben. § 606 RZPO. Ferner Klagen auf Aufhebung der ehelichen Gemeinschaft. 639 RZPO.

b) Keine Ehesachen sind:

die einstweiligen Verfügungen nach § 627 RZPO,
die Klagen dritter Personen,
die Klagen aus einem Verlöbnis,
die Klagen der Ehegatten wegen ihrer güterrechtlichen Verhältnisse.

c) Die in Ehesachen zulässigen einstw. Verfg.

sind: (wegen des Zeitpunkts der Zulässigkeit siehe § 627 II RZPO.) Gestattung des Getrenntlebens der Ehegatten für die Dauer des Rechtsstreits,

Regelung der gegenseitigen Unterhaltspflicht der Ehegatten für die Dauer des Prozesses,

Regelung der Sorge für die Person der gemeinschaftlichen minderjährigen Kinder für die Dauer des Prozesses, soweit es sich nicht um die gesetzliche Vertretung handelt,

Regelung der Unterhaltspflicht der Ehegatten den Kindern gegenüber im Verhältnis der Ehegatten zueinander,

im übrigen siehe die später folgenden Entscheidungen.

d) Streitwert in Ehesachen.

Streitigkeiten in Ehesachen sind nichtvermögensrechtlicher Natur. Der Mindest-Streitwert beträgt 2000 RM. § 11 I GKG. Eine Herabsetzung ist nicht möglich.

Die Erhöhung des Streitwerts (bis zu 1 Million) erfolgt unter Berücksichtigung der wirtschaftlichen Verhältnisse der Ehegatten, des Standes des Mannes, seiner Einkommensverhältnisse und der Tatsache, daß der Staat und die Allgemeinheit an der Aufrechterhaltung der Ehe ein Interesse haben.

In Ehesachen kann nur ein einheitlicher Streitwert in Betracht kommen, gleichviel, ob die eine oder andere Partei oder ob beide Parteien Ehescheidung, Eheanfechtung oder Nichtigkeitsklage oder Klage auf Wiederherstellung der ehelichen Gemeinschaft oder diese sämtlichen Klagen erhoben haben, denn in jedem dieser Fälle ist es das (gleiche) eheliche Verhältnis, dessen Regelung durch Klage oder Widerklage (Berufung oder Anschlußberufung) bezweckt wird und dieses eheliche Verhältnis ist eben der Streitgegenstand. OLG. Darmstadt in JW. 1933, 2661, 6.

Bei Verbindung in Ehesachen ist, da die verbundenen Ansprüche denselben Streitgegenstand betreffen, nach dem Grundsatz des § 13 GKG. ein einheitlicher Streitwert zugrunde zu legen. Für die Bemessung des Wertes des Streitgegenstandes kommt es nicht darauf an, ob sich die Prozeßführung mehr oder weniger schwierig gestaltet. OLG. München in BayZ. 1925, 265.

e) Der Streitwert bei Erlassg. einstw. Verfügungen.

Die unter c genannten einstweiligen Verfügungen regeln vermögensrechtliche und nichtvermögensrechtliche Ansprüche der Ehegatten.

1. Wird durch e. V. über die Unterhaltspflicht gegenüber einem Ehegatten oder den Kindern entschieden, ist der Streitwert gemäß § 10 IV GKG. der ½jährliche Bezug der Rente.

Wenn aber die baldige Beendigung des Prozesses zu erwarten ist, ist der Streitwert in Anwendung des § 9 Schlußsatz RZPO. entsprechend herabzusetzen.

2. Wird durch e. V. entschieden, daß der Mann bestimmte Gegenstände an seine Frau zur Führung eines selbständigen Haushalts herauszugeben hat, dann bestimmt sich der Streitwert nach § 3 RZPO.

   Von dem Werte der herauszugebenden Sachen ist zwar auszugehen, aber dabei zu berücksichtigen, daß es sich nur um die vorläufige Regelung eines Besitzverhältnisses handelt.

3. Bei einer e. V. in nichtvermögensrechtlichen Angelegenheiten darf der Streitwert nicht unter 500 RM. liegen. OLG. Königsberg in JW. 1928, 2163, 28.

4. Sind mehrere selbständige Ansprüche geltend gemacht, dann erfolgt Zusammenrechnung, aber

5. ist mit einem nichtvermögensrechtlichen Anspruch ein aus ihm hergeleiteter vermögensrechtlicher verbunden, so ist nur ein Anspruch, und zwar der höhere maßgebend. § 11 II GKG.

f) Einzelentscheidungen.

E. V. auf Getrenntleben,
Übertragung der Sorge für die Person des Kindes und
wöchentlicher Unterhaltung von 25 RM. für Frau und Kind.

Der Streitwert errechnet sich für das Getrenntleben und für die Übertragung der Sorge für die Person des Kindes kostenrechtlich nach § 11 GKG. Der Streitwert ist für jeden Anspruch gesondert festzusetzen und zusammenzurechnen. (Also mindestens 500 plus 500 = 1000 RM.)

Der Streitwert für den Unterhalt für Frau und Kind beträgt nach § 10 IV GKG. (½jähriger Bezug) 650 RM.

Da der Streitwert der gemeinsamen Rente niedriger ist als der Streitwert für die beiden nichtvermögensrechtlichen Ansprüche (1000 RM.) ist der höhere Betrag gemäß § 11 II GKG. der Streitwert. OLG. Kiel, Beschl. v. 4. 9. 29; 2. ZS. 2 W 309 u. 387/29, abgedruckt in Rechtspfleger 1930, Heft 11.

E. V. auf Getrenntleben,
Sorge für die Person des Kindes und
Unterhalt für Frau und Kind.

Die beiden ersteren Ansprüche sind nichtvermögensrechtlich. Streitwert ist daher mindestens zweimal 500 RM. = 1000 RM.

Die beiden weiteren Ansprüche sind vermögensrechtlich und aus nichtvermögensrechtlichen Ansprüchen hergeleitet.

Der Wert dieser beiden Ansprüche ist zusammenzurechnen: sodann erfolgt Berechnung nach § 11 II GKG. Streitwert ist daher der höhere mit 1000 RM. OLG. Düsseldorf in JW. 1930, 197, 66.

E. V. auf Getrenntleben,
Übertragung des Sorgerechts und
Herausgabe des Kindes.

Es handelt sich um zwei nichtvermögensrechtliche Ansprüche. Die beiden Streitwerte sind daher kostenrechtlich zusammenzurechnen. Eine Trennung des Anspruches zu 2 (Sorgerecht) in einen Anspruch auf Sorgerechtsübertragung und einen Anspruch auf Herausgabe ist nicht möglich. Der Anspruch auf Herausgabe ist lediglich ein Ausfluß des Sorgerechtsanspruches und mit diesem derart eng verbunden, daß beide Ansprüche zusammen erst in Wahrheit den Sorgerechtsanspruch darstellen. OLG. Kiel in JW. 1930, 1091, 26; ähnlich: OLG. Düsseldorf in JW. 1930, 197, 66.

OLG. Düsseldorf führt hiezu noch aus:

Die Ansprüche auf Unterhaltsgewährung von Frau und Kind stellen vermögensrechtliche Ansprüche dar, die sich aus den geltend gemachten nichtvermögensrechtlichen ableiten. Es gilt insoweit § 11 II GKG.

Anderer Meinung ist das Kammergericht (JW. 1929, 144, 57), welches erklärt, daß nur ein einheitlicher Anspruch vorliegt, wenn die e. V. das Getrenntleben gestattet und der Frau das Sorgerecht für das Kind überträgt.

Für die Unterhaltsrente errechnet sich der Wert aus § 10 IV GKG. unter Abgleichung nach § 11 II l. c.

E. V. auf Getrenntleben,
Unterhalt von 10 RM. pro Woche und
Überlassung einer Anzahl von Sachen.

Ersterer Anspruch ist ein nichtvermögensrechtlicher: die beiden weiteren Ansprüche sind nur aus dem Anspruch auf Gestattung des Getrenntlebens herzuleiten, da sie nur darauf abzielen, der Ehefrau das Getrenntleben durch Gewährung der notwendigen Geldmittel und Überlassung der zu einer getrennten Haushaltsführung unentbehrlichen Sachen zu ermöglichen.

Damit ist der Fall des § 11 GKG. gegeben, daß also mit einem nichtvermögensrechtlichen zwei vermögensrechtliche Ansprüche mitverbunden sind.

Demnach ist nur ein Anspruch und zwar der höhere für die Wertbestimmung maßgebend.

Wegen Überlassung der Sachen handelt es sich nicht um einen Besitzstreit im Sinne des § 6 RZPO., sondern nur um eine vorübergehende Regelung der tatsächlichen Benutzungsverhältnisse. Der Wert ist nach § 3 RZPO. frei zu schätzen: hiebei ist erheblich unter den Wert der Sachen herabzugehen.

Für den Unterhaltsanspruch ist nach § 10 IV GKG. der Streitwert 260 RM. (½jähriger Bezug).

Wenn diese beiden Streitwerte (Unterhaltsanspruch und Sachenüberlassung) zusammengerechnet den gemäß § 11 GKG. für das Getrenntleben festzustellenden Streitwert übersteigen, ist diese Summe Streitwert.

Ist dagegen der Streitwert für das Getrenntleben höher, dann ist dieser für die Gebührenberechnung maßgebend. OLG. Rostock, 1. ZS. Beschl. v. 23. 2. 31 in Rechtspfleger 1931, Heft 5.

E. V. auf Getrenntleben und
Unterhalt der Frau.

Maßgebend ist der höhere Streitwert. OLG. München in BayZ. 1933, 214.

E. V. auf Getrenntleben,
Räumung der ehelichen Wohnung und
Verbot des Betretens des Ladengeschäftes.

Es handelt sich hier um drei nichtvermögensrechtliche Ansprüche, also 3mal 500 RM. OLG. Nürnberg in BayZ. 1931, 397.

OLG. Kiel in DRZ. 1933, S. 465, Nr. 524 erklärt den Anspruch auf Wohnungsräumung als einen vermögensrechtlichen, bemißt den Streitwert nach §§ 3, 6 RZPO. und läßt den Mietwert der Wohnung von Bedeutung sein.

Vergleich in Ehesachen.

In Ehesachen ist die Schließung eines Vergleichs nur insoweit möglich, als das Rechtsverhältnis der Vergleichsregelung fähig ist. Es kommt also praktisch nur ein Vergleich hinsichtlich der Kostenpflicht in Betracht.

Wird demnach ein Vergleich über Zurücknahme von Klage und Widerklage und über die Kostenpflicht geschlossen, dann ist für den Vergleich die Höhe der Kosten der Streitwert. OLG. Dresden in JW. 1931, 2046, 23.

OLG. Breslau in JW. 1931, 1883, 22 hat dem Armenanwalt allerdings eine ganze Gebühr in Höhe von 25 RM für den Vergleichsabschluß zugebilligt.

Einstellung der Zwangsvollstreckung.

a) Einstellung der Zwangsvollstreckung nach §§ 709, 719 RZPO.:

Da die Entscheidung über den Einstellungsantrag ein Akt der Zwangsvollstreckung ist, kann § 4 RZPO. (Nebenforderungen) nicht angewendet werden. Es müssen daher gemäß § 15 II GKG. die Zinsen bis zum Tage der Entscheidung über den Antrag mitgerechnet werden.

Allerdings muß bei der Festsetzung des Wertes des Streitgegenstandes unterschieden werden, ob die Zwangsvollstreckung bereits abgeschlossen ist oder weitere Vollstreckungsmaßnahmen seitens des Gläubigers zu befürchten sind.

Im ersteren Fall ist der Streitwert aus § 6 RZPO. zu berechnen, wonach der Wert der Pfandgegenstände als Streitwert zu gelten hat, wenn dieser niedriger ist als die Forderung selbst; im anderen Fall müßte die Anwendung des § 6 RZPO. ausscheiden, weil sich die Einstellung nicht bloß auf die bereits vorgenommenen Vollstreckungsmaßnahmen erstreckt, sondern auch künftige Zwangsvollstreckungen aus dem Titel unmöglich werden. Ähnlich: Rittmann-Wenz, Anm. 6 zu § 34 GKG.

Da also die Anwendung des § 6 RZPO. einen sicheren Maßstab für die Feststellung des Wertes des Streitgegenstandes nicht zu geben vermag, muß als Streitwert der Wert der herauszugebenden Sache oder die Höhe des noch zu leistenden Betrages (oder Restbetrages) einschließlich der Nebenforderungen angenommen werden.

OLG. München in BayZ. 1929, 230 erklärt: Bei Anträgen auf einstw. Einstellung der Zwangsvollstreckung ist der Streitwert geringer zu bemessen als der Streitwert der Hauptsache, da es sich nur um eine vorläufige Maßnahme und nur um die Regelung der Vollstreckung handelt. Es ist daher der Streitwert nicht nach dem für den Besitz der Sache — hier für den Besitz des Ladens — maßgebenden § 6 RZPO., sondern gemäß § 3 RZPO. nach freiem Ermessen festzusetzen.

Entsprechend dem Interesse an dieser einstweiligen Vollstreckungsregelung erscheint es angemessen, den Streitwert für das Einstellungsbegehren auf 80 RM. festzusetzen (Hauptstreitwert war: 192 RM.).

Die Anm. zu § 707 RZPO. von Neumiller will gleichfalls den § 3 RZPO. angewendet wissen.

b) Einstellung nach § 769 RZPO.:

Die vorstehenden Ausführungen gelten auch hier. Neumiller, Anm. zu § 769 RZPO. will § 3 RZPO. für einschlägig halten.

c) Einstellung nach § 771 RZPO.:

Streitwert für den Einstellungsantrag ist der des Widerspruchsprozesses.

d) Einstellung nach §§ 785, 786 RZPO.:

Maßgebend ist das freie Ermessen.

e) Einstellung nach § 805 IV RZPO.:

Streitwert für den Einstellungsantrag ist der des Hauptprozesses.

f) Einstellung nach § 810 II RZPO.:

Wie zu e.

Zu §§ 769, 771 RZPO.:

HRR. 30, Nr. 1757: Bei Beschlüssen auf Grund der §§ 769, 771 RZPO. ist der Streitwert gleich dem Werte der Sache, ohne Rücksicht auf vorhandene Vorpfändungen.

g) Einstellung auf Grund der IV. Notverordnung vom 8. 12. 1931, RGBl. I, 699:

Streitwert ist nach dem Interesse des Schuldners an dem Vollstreckungsaufschub gemäß § 3 RZPO. zu berechnen. OLG. München, Beschl. v. 18. 1. 1933, BayZ. 1933, 182.

Einstweilige Verfügungen:

a) in Ehesachen: siehe Ehesachen;
b) auf Grund d. Ges. üb. d. unl. Wettbewerb: siehe unl. Wettbewerb;
c) in Unterhaltssachen: siehe Unterhaltssachen;
d) in Rentenprozessen: siehe Geldrente;
e) auf Einräumung einer Baugeldsicherungshypothek: siehe Baugeldsicherungshypothek;
f) in Preisschleudereiprozessen: siehe Preisschleuderei;
g) in Mietsachen: siehe Miete und Pacht.

Der Streitwert bei einstweiligen Verfügungen errechnet sich im Regelfall nach § 3 RZPO. und zwar gemäß dem Interesse des Antragstellers.

Wenn die Verfügung der Sicherung einer Geldforderung dient, dann errechnet sich der Streitwert aus § 6 RZPO.

Zinsen und Kosten sind hiebei Nebenforderungen gemäß § 4 RZPO. und bleiben außer Betracht. OLG. Stuttgart in JW. 1931, 2152, 30; OLG. Kiel in JW. 1933, 2961, 6.

a) In nichtvermögensrechtlichen Streitigkeiten

darf auch bei einstw. Verfügungen der Streitwert nicht unter 500 RM. liegen. OLG. Königsberg in JW. 1928, 2163, 28.

b) Bei Herausgabe einer Streitsache

ist der Streitwert nicht nach dem Interesse des Antragstellers an der endgültigen Herausgabe zu bemessen, weil es sich nur um eine vorläufige Maßnahme handelt.

Das Interesse an der Erlassung der e. V. deckt sich daher mit dem Wert, den er dem Besitze der Sache für die Zeit vom Erlaß der einstw. Verfügung bis zur rechtskräftigen Entscheidung in der Hauptsache beimißt. KG. in JW. 1933, 537, 15.

Ähnlich: KG. in JW. 1931, 3565, 3.

c) Die e. V. nach § 935 RZPO.

Das OLG. Kiel in JW. 1933, 2961, 6 erklärt hiezu:

Die Festsetzung des Wertes des Streitgegenstandes im Verfahren der einstw. Verfügung hat gemäß § 3 RZPO. zu erfolgen. Allerdings bestimmt § 6 RZPO., daß, falls die Sicherung einer Forderung oder ein Pfandrecht Gegenstand des Rechtsstreits ist, der Wert des Gegenstandes durch den Betrag der Forderung bestimmt wird. Eine Sicherstellung im Sinne des § 6 RZPO. liegt nur dann vor, wenn Gegenstand des Rechtsstreits eine Sicherung des materiellen Rechts bildet.

Auf nur prozeßrechtliche Sicherungen, insbesondere auf

Sicherstellung einer Forderung durch eine im richterlichen Ermessen stehende Anordnung gemäß § 935 RZPO. findet daher die Vorschrift des § 6 der RZPO. keine Anwendung.

d) Bei Eintragung einer Vormerkung

ist der § 6 RZPO. unmittelbar anzuwenden. Der Streitwert ist nicht geringer als die zu sichernde Forderung, wenn die Sicherung gleich der zu sichernden Forderung ist und ohne die Sicherung zu befürchten ist, daß der Antragsteller leer ausgehen wird. DRZ. 1934, S. 146, Nr. 149.

Einwilligung.

a) Klage auf Einwilligung in die Auszahlung einer hinterlegten Streitmasse: s. bei Hinterlegung.

b) Bei der Klage auf Einwilligung in die Auszahlung eines Versteigerungserlöses „bis zur Höhe" der Forderung ist Streitwert nur der Betrag des Versteigerungserlöses, wenn dieser geringer ist, als die Forderung. OLG. Breslau in JW. 1931, 2143, 12.

Enteignung.

Bei der Klage aus § 30 des Enteignungsgesetzes ist der Streitwert nach dem Unterschied zwischen der von der Verwaltungsbehörde festgesetzten und der vom Kläger beantragten Entschädigungssumme zu berechnen. OLG. Kiel, 2. ZS. Beschl. v. 4. 3. 1930, 2 W 49/30 in Rechtspfleger 1930, Heft 11.

Entmündigung.

Der Streitwert beträgt regelmäßig 2000 RM. § 11 GKG. Die wirtschaftlichen Verhältnisse und das Vermögen bilden lediglich einen Gradmesser für die Hinauf- oder Herabsetzung des Streitwertes.

Erbe.

a) Klage eines Miterben auf Einziehung einer Nachlaßforderung.

Bei dieser Klage (§ 2039 BGB.) bestimmt sich der Streitwert nach freiem Ermessen. Er ist nicht einfach auf den vollen Betrag der eingeklagten Forderung, sondern in Berücksichtigung des unmittelbar verfolgten Interesses der klagenden Partei nur nach dem Verhältnis des Anteilsrechts des Klägers am Nachlaß zu bestimmen. RG. 38, 421 und RG. 93, 128, auch in JW. 1918, 559, LG. Siegen in JW. 1934, 2274.

Diesem Grundsatz hat sich die Mehrzahl der Oberlandesgerichte angeschlossen, trotzdem in Schrifttum und Rechtsprechung die Entscheidungen des Reichsgerichts stets stark umkämpft waren. So hat das Landgericht Essen, 7. ZK. (JW. 1934, 180, 3) mit Beschl. vom 5. 12. 1933 entschieden, daß die Gesamtleistung die verlangt wird, für den Streitwert maßgebend ist und nicht der unter Umständen geringfügige Erbanteil des Miterben und führt in der gleichen Entscheidung weiter aus:

Gegenstand des Streits zwischen den Parteien ist nicht die Frage, ob der Beklagte an den Kläger dessen Anteil, sondern ob er an die Erbengemeinschaft den ganzen Gegenstand zu leisten hat. Über diese Frage wird eine Entscheidung herbeigeführt, aus der wegen des ganzen Nachlaßgegenstandes vollstreckt werden kann. Daß der Miterbe die Kosten nur nach seinem Anteil zu zahlen hat, während ein Alleinerbe im gleichen Fall sie nach dem Wert des ganzen Nachlaßgegenstandes würde zahlen müssen, ist wirtschaftlich und vom Standpunkt der Billigkeit aus gesehen, nicht gerechtfertigt. Es muß vielmehr bei dem allgemeinen Grundsatz bleiben, daß der Wert eines Gegenstandes den Streitwert bestimmt, wenn sich der Klageantrag auf Leistung dieses Gegenstandes richtet. Das Landgericht hält demnach die Festsetzung auf den Betrag der ganzen Nachlaßforderung für gerechtfertigt. Gleicher Ansicht: OLG. Hamburg in JW. 1934, 1371, 5; OLG. Zweibrücken in BayZ. 1934, 307.

b) Klage eines Miterben auf Herausgabe einer Sache an die Nachlaßmasse.

Der unter a aufgestellte Grundsatz hinsichtlich der Streitwertberechnung gilt auch hier.

c) Klage eines Miterben auf Löschung einer für den Erblasser eingetragenen Forderung.

Die Ausführungen unter a gelten auch hier. RG. in JW. 1902, 362, 17.

d) Maßgebende Berechnung für den Erbteil.

Es kommt nur die reine Teilungsmasse nach Abzug der Schulden in Betracht. RG. 38, 421.

e) Ausübung des Vorkaufsrechts nach § 2034 BGB. durch den Miterben.

Wenn die Miterben das Vorkaufsrecht nach § 2034 BGB. ausüben, bestimmt sich der Streitwert aus § 6 RZPO. nach dem Werte des verkauften Erbteils. OLG. Zweibrücken in BayZ. 1931, 299.

f) Klage des Alleinerben oder sämtlicher Erben.

In diesem Fall bildet der Reinnachlaß den Streitwert, wenn die Klage den Gesamtnachlaß betrifft.

g) Negatorische Feststellungsklage eines Miterben.

Bei der negatorischen Feststellungsklage eines Miterben gegen denjenigen, der eine Forderung gegen den Nachlaß zu haben behauptet, daß ihm die Forderung nicht zusteht, ist der Streitwert der Wert des Anteiles des klagenden Miterben. RG. in JW. 1929, 1653, 11 und OLG. Kiel in JW. 1934, 439, 12 u. gl. Gericht in JW. 1934, 2637; a. M. Ausf. in JW. 1929, 1637.

h) Erbteilungsklagen.

Der Streitwert bestimmt sich nach dem Anteil, den der Kläger begehrt, nicht nach der Höhe der Teilungsmasse. RG. in JW. 1895, 537, 9; JW. 1894, 193, 3.

i) Klage auf Aufstellung und Beeidigung eines Nachlaßinventars.

Maßgebend ist ausschließlich das Interesse des Klägers. RG. in JW. 1898, 279, 10.

k) Klage auf Leistung des Offenbarungseides.

Es handelt sich hier nur um die Vorbereitung und Erleichterung der Erhebung eines Anspruches auf Leistung von Vermögenswerten. Die Höhe der Letzteren bildet daher lediglich den äußersten Betrag des für jene Klagen anzunehmenden Streitwertes. Innerhalb dieser Grenzen ist der Streitwert unter Berücksichtigung der Umstände des Falles nach dem Interesse des Klägers gemäß § 3 RZPO. frei zu schätzen. OLG. Bamberg in Rsp. 4, 266.

l) Klage auf Nichtigkeit eines Testaments.

Klagt der Kläger auf Nichtigkeit eines Testaments, dann ist das Interesse maßgebend, das der Kläger an der von ihm beantragten Entscheidung hat.

Den Streitgegenstand bildet demnach derjenige Betrag, den der Kläger durch die Klage verlangt. Als solcher ist der Erbteil des Klägers anzusehen, der ihm nach der Klage zugewiesen werden soll.

Ist eine Forderung in bestimmter Höhe nicht erhoben, so ist die Höhe dieses Erbteils gemäß § 3 RZPO. festzusetzen.

Die Angaben, die der Kläger in der Klageschrift machte, können nicht maßgebend sein: vielmehr muß der wirkliche Wert des Erbteils, den der Kläger beansprucht, ermittelt werden. RG. in JW. 1895, 537.

Maßgebend ist das Interesse des Klägers, welches er daran hat, daß das Testament vom 12. 10. 1932 für nichtig erklärt wird und seine Erbansprüche sich nach dem Testament vom 9. 4. 1932 richten. Nicht der Wert der den Bekl. im Testament vom 9. 4. 1932 ausgesetzten Vermächtnisse, sondern nur der Wert ist daher für die Wertfestsetzung maßgebend, um den der Kläger durch das neue Testament schlechter gestellt war als durch das früher errichtete. Dabei ist zu beachten, daß der Kläger einerseits durch das alte Testament Werte von etwa 28000 RM. mehr erhalten hätte, daß er andererseits durch jenes Testament insoweit erheblich schlechter gestellt war, als er nur Vorerbe, im Testament vom 16. 10. 1932 aber freier Erbe werden sollte. Berücksichtigt man die errechnete Wertdifferenz unter diesem Gesichtspunkt, so ist die Schlechterstellung des Klägers durch das letzte Testament auf etwa 15000 RM. zu schätzen. OLG. Kiel in DRZ. 1934, S. 270, Nr. 267.

m) Ist der Erbe unter Beschränkung seiner Haftung auf den Rücklaß verurteilt und der Nachlaß überschuldet, dann ist trotzdem Streitwert der volle Betrag der Forderung. RG. 54, 412.

n) Klage auf Auskunftserteilung.

Bei dieser Klage (§ 2028 BGB.) ist der Wert des Streitgegenstandes nach freiem Ermessen festzusetzen unter Berücksichtigung der Schwierigkeiten, die der Kläger bei Ermittelung des Bestandes der herauszugebenden Erbschaft ohne die Auskunft haben würde. RG. in Soergel, Das Recht, 1907, 313.

o) Klage auf Auflassung eines ungeteilten Nachlaßgrundstücks gegen einzelne Miterben.

Für den Streitwert ist es nicht entscheidend, daß die Auflassung eines Grundstücks verlangt wird, das zum Nachlaß gehört, und noch ungeteilt ist. Entscheidend dafür ist vielmehr, daß die Beklagten zusammen nur zu 5/12 am Nachlaß als Miterben beteiligt sind. In einem solchen Falle ist der Streitwert nach den Erbanteilen der bekl. Miterben auch insoweit, als es sich um die Auflassung des Nachlaßgrundstücks handelt, zu berechnen. OLG. Kiel in DRZ. 1934, S. 146, Nr. 150 (siehe aber Buchstabe a).

Erbteilungsklagen. Siehe unter Erbe.

Ernennung eines Schiedsrichters. S. schiedsrichterliches Verfahren.

Errungenschaftsgemeinschaft.

Bei der Klage auf Aufhebung der Errungenschaftsgemeinschaft ist nicht der Wert der einzelnen Bestandteile des eingebrachten Gutes und des Gesamtgutes, sondern lediglich das Interesse der Frau an der Aufhebung der Gemeinschaft maßgebend. OLG. Karlsruhe in DRZ. 1932 Nr. 724.

Erweiterung der Klage.

Wegen der Zulässigkeit der Klageerweiterung siehe die §§ 268 Ziffer 2 und 3, 280 und 506 RZPO.

Bei Erweiterung der Klage nach Erledigung eines Anspruchs sind für den Streitwert der Prozeßgebühr sämtliche Ansprüche zusammenzurechnen. OLG. Königsberg in JW. 1932, 3642.

Wenn mit der Klage fortlaufende Beträge begehrt werden (Futterkosten, Lagergeld usw.), dann erweitert sich dadurch der Klageantrag fortwährend ohne besonderen Parteiantrag. Da sich demnach der Wert des Streitgegenstandes fortwährend ändert, muß der Wert auch „etappenweise" festgesetzt werden. Siehe hiewegen das Beispiel bei „Futterkosten".

Wegen der Änderung des Wertes des Streitgegenstandes bei „Aktien" siehe dort.

Erwirkung von Handlungen und Unterlassungen:

a) Straffestsetzungsverfahren nach § 890 RZPO.

Entsch. d. OLG. Kiel in Rechtspfleger 1927, Heft 5: Auf

Grund einer einstweiligen Verfügung ist gegen den Antragsgegner eine Geldstrafe von 200 RM. festgesetzt worden.

Für die Streitwertberechnung ist die Höhe der Geldstrafe mit zu berücksichtigen; ausschlaggebend ist aber das Interesse, das der Gläubiger an der Festsetzung der Strafe hat. Dafür ist von Bedeutung, ob durch die Festsetzung der Strafe noch ein erheblicher Widerstand des Schuldners zu brechen ist.

Unter Abwägung aller Umstände erschien ein Streitwert von 500 RM. angemessen.

OLG. Augsburg in BayZ. 1930, 288 erklärt: Bei Straffestsetzungsbeschlüssen bemißt sich der Streitwert nach dem Vollzugsinteresse.

b) Anträge auf Kostenvorauszahlung gemäß § 887 II RZPO.:

Streitwert ist der vorauszuzahlende Kostenbetrag.

c) Anträge nach § 888 RZPO.:

Streitwert ist der Wert der zu erzwingenden Handlung. RG. in JW. 1889, 429.

Eventualklagen. Siehe Alternativklagen.

Feststellungsklage (negative).

Der Wert des Streitgegenstandes bestimmt sich bei der negativen Feststellungsklage nach dem angeblichen Rechte des Beklagten, das der Kläger durch richterliches Anerkenntnis verneint wissen will. Wenn nun auch die Klage und deren Begründung den Streitgegenstand begrenzen, so ist es bei der neg. Feststellungsklage doch häufig so, daß sich der Streitwert erst im Laufe der kontradiktorischen Verhandlung unter Berücksichtigung der Einwendungen des Beklagten feststellen läßt.

Es errechnet sich daher der Streitwert regelmäßig aus §3 RZPO., wenn der Klageantrag nicht eine bestimmte Summe enthält.

Der Streitgegenstand richtet sich nach dem Betrage des Anspruchs, dessen sich der Beklagte berühmt hat und dessen Nichtvorhandensein durch die Klage zu richterlicher Anerkennung gebracht werden soll. RG. 71, 69.

Ist eine bestimmte Summe nicht angegeben, dann ist der Wert des Anspruches nach freiem Ermessen zu schätzen. RG. in JW. 1901, 57, 1 und JW. 1902, 253, 17.

Streitwert ist aber nicht der Anspruch, dessen sich der Gegner berühmt hat, wenn die Höhe des Anspruches auf Schätzung beruht. OLG. Stuttgart in JW. 1933, 2228, 19.

Wenn im Laufe des Rechtsstreits eine offensichtlich übertriebene Forderung seitens des Beklagten als Schaden geltend gemacht wird, führt das regelmäßig keine besondere Erhöhung des Streitwerts herbei. Die Höhe des Streitwert hängt in diesem Falle davon ab, auf welchen Betrag sich das Feststellungsinteresse des

Klägers bei vernünftiger Beurteilung der Sachlage bezog. OLG. Königsberg in JW. 1931, 1831, 18.

Bei der neg. Feststellungsklage des Miterben gegen denjenigen, der eine Forderung gegen den Nachlaß zu haben behauptet, daß ihm die Forderung nicht zustehe, ist Streitwert der Wert des Anteils des klagenden Miterben. RG. in JW. 1929, 1653, 11 u. OLG. Kiel in JW. 1934, 439, 12; a. M. Ausf. in JW. 1929, 1637.

Bei der Klage auf Feststellung des Nichtbestehens eines Pfandrechts ist Streitwert die Forderung. LG. Nürnberg in JW. 1928, 763, 14.

Bei der Klage auf Feststellung, daß eine Forderung noch nicht fällig ist, besteht das Interesse des Klägers in der Beeinträchtigung, die sein Vermögen erfährt, wenn der Rückzahlungsanspruch schon jetzt und nicht erst später geltend gemacht werden kann. KG. in Rsp. 4, 264.

Feststellungsklage (positive).

Wenn der Anspruch ziffernmäßig nicht feststeht, ist der Streitwert gemäß § 3 RZPO. frei zu schätzen; im übrigen deckt sich der Streitwert regelmäßig mit dem Leistungsanspruch.

Ist die Feststellungsklage mit der Leistungsklage verbunden, dann ist zu prüfen, ob die Feststellungsklage selbständige Bedeutung hat.

Das Reichsgericht — RG. 66, 422 — (unter ausdrücklicher Aufgabe des bisherigen Standpunkts: RG. 57, 411) führt aus:

Bei der positiven Feststellungsklage deckt sich der Wert des Streitgegenstandes überhaupt nicht grundsätzlich und nicht immer mit dem Wert, der für die Leistungsklage in Betracht kommt.

Bei ihnen ist der Wert des Streitgegenstandes grundsätzlich nach § 3 RZPO. zu bemessen.

In der Regel hat der Antrag auf Feststellung eines ziffermäßig bestimmten Anspruchs die gleiche Wirkung, wie der Antrag auf Verurteilung zur Leistung dieses Anspruchs und um deswillen wird in solchen Fällen der Wert des Streitgegenstandes für die Feststellungsklage sich in der Regel mit dem Werte decken, der für die Leistungsklage in Betracht kommt.

Der Wert der künftigen Leistungen ist zwar einer der Faktoren, die im Rahmen des § 3 RZPO. bei Festsetzung des Streitwertes zu berücksichtigen sind, er ist aber für dessen Festsetzung nicht ausschließlich maßgebend.

Was bei den Feststellungsklagen für den Wert des Streitgegenstandes gilt, ist in gleicher Weise bei ihnen für den Wert des Beschwerdegegenstandes maßgebend. RG. 66, 422.

Einzelfälle:

a) Geht der Streit auf Feststellung der Inhaberschaft einer Forderung, dann ist der Streitwert die Höhe der Forderung. Rsp. 17, 74 und 31, 6.

b) Bei der Klage auf Feststellung des Bestehens oder Nichtbestehens einer Bürgschaftsverpflichtung kommt es bei Festsetzung des Streitwerts nicht darauf an, bis zu welchem Betrage der Bürge einmal in Anspruch genommen wird, sondern nur darauf, welches der Betrag der zu sichernden Forderung ist und bis zu welchem Betrage der Bürge zu haften hat. RG. in JW. 1933, 2402, 10.

c) Wenn die Feststellung eines Schadensersatzanspruches begehrt wird, ein Schaden zur Zeit aber noch nicht nachweisbar ist, ist der Streitwert nach § 3 RZPO. frei zu schätzen. RG. in Beiträge zur Erläuterung des Deutschen Rechts, Gruch. 52, 1113.

d) Bei einer Feststellungsklage, daß Miete und nicht Pacht vorliegt, ist der Streitwert darnach zu berechnen, ob die Klärung künftiger Mietzinsansprüche davon abhängt. RG. in JW. 1930, 755, 3.

e) Bei der Klage auf Feststellung, daß eine an den Grundstückseigentümer zur Auszahlung gelangende Versicherungssumme für Brandschaden dem Pfandrecht des Hypothekgläubigers unterworfen ist, ist Streitwert der Betrag der Sicherungshypothek, ohne Rücksicht auf Rang und Valutierung, falls die Brandversicherungssumme höher ist, als die Hypothek. OLG. Kiel in Rechtspfleger 1934, Heft 1.

f) Bei der Feststellungsklage, daß die Beklagten als Gesamtschuldner persönliche Schuldner von Vorkriegshypotheken sind, errechnet sich der Streitwert aus § 3 RZPO. OLG. Kiel in Rechtspfleger 1932, Heft 9.

g) Bei einer Feststellungsklage wegen Gewährung von Versicherungsschutz für einen bestimmten Versicherungsfall wird der gemäß § 3 RZPO. nach freiem richterlichen Ermessen festzusetzende Wert des Streitgegenstandes durch den Inhalt des Schutzes in dem gegebenen Versicherungsfall bestimmt. RG. 141, 313 (s. auch bei: Versicherung).

Übergang von der Feststellungs- zur Leistungsklage.

Wenn der Beklagte im Laufe des Prozesses von der ursprünglich erhobenen Feststellungsklage zur Leistungsklage übergeht, so sind bei der Wertbestimmung nach § 9 RZPO. Rückstände (bis zum gestellten Leistungsbegehren) der Rente hinzuzurechnen. RG. 77, 324; auch JW. 1911, 986.

Freies Ermessen.

Der Streitwert ist gemäß § 3 RZPO. nach freiem Ermessen festzusetzen, wenn die §§ 4—9 RZPO. nicht einschlägig sind.

Das Gericht kann zur Bestimmung des Streitwerts von Amts wegen die Einnahme eines Augenscheins und die Begutachtung durch Sachverständige anordnen: ebenso kann es eine beantragte Beweisaufnahme anordnen, soweit diese zur Bestimmung des Wertes des Streitgegenstandes notwendig ist.

Maßgebend ist stets das Interesse des Klägers, auch wenn das Interesse des Beklagten höher ist oder Dritte an der Prozeßführung interessiert sind.

Die Festsetzung erfolgt sodann in entsprechender Anwendung der §§ 6—9 RZPO. soweit das möglich ist.

Der hiernach festgesetzte Streitwert ist nicht bloß für die sachliche Zuständigkeit maßgebend, sondern auch für die Gerichts- und Anwaltskosten, soweit nicht die §§ 9—15 GKG. (§ 10 RAGO.) Ausnahmen treffen.

Futterkosten.

Futterkosten werden bei der Wandelungsklage mitgerechnet. OLG. Düsseldorf in JW. 1928, 1522, 25.

Der Wert des Streitgegenstandes bei Wandelungsklagen errechnet sich regelmäßig nach § 3 RZPO. und zwar nach dem Interesse des Klägers an der Vertragsauflösung.

Ist der Vertrag erfüllt, und wird mit der Wandelungsklage die Rückzahlung des hingegebenen Geldbetrages gefordert, dann ist der zurückverlangte Geldbetrag Streitwert.

Verlangt der Kläger außerdem Futterkosten bis zur Rücknahme des Tieres, so sind diese dem Werte des Wandelungsanspruches hinzuzurechnen.

Für die Feststellung der sachlichen Zuständigkeit ist nun allerdings ausschließlich der Tag der Klageerhebung maßgebend (§ 4 RZPO.): für die Berechnung der Gerichtskosten und Anwaltsgebühren gilt aber § 9.II GKG. weil zwar der Streitgegenstand der gleiche bleibt, der Wert desselben sich aber ständig durch die fortlaufenden Futterkosten ändert.

Beispiel:

In einer am 10. 2. 34 erhobenen Wandelungsklage (Streitwert 300 RM.) werden 10 RM. Futterkosten pro Tag seit dem 1. 1. 34 bis zur Rücknahme verlangt. Am 15. 3. 34 ergeht Beweisbeschluß und am 20. 4. 34 Urteil, nachdem am gleichen Tage noch kontradiktorisch verhandelt wurde.

Der Streitwert war am Tage der Klageerhebung:

$$300 + (41 \cdot 10) = 710.\text{— RM}$$

am Tage des Beweisbeschlusses:

$$300 + (74 \cdot 10) = 1040.\text{— RM},$$

am Tage der Urteilserlassung:

$$300 + (110 \cdot 10) = 1400.\text{— RM}.$$

An Gerichtskosten sind demnach zu erheben:

Die Prozeß- und Urteilsgebühr aus je 1400 RM., die Beweisgebühr aber nur aus 1040.— RM,

an Anwaltsgebühren fallen an:

$^{10}/_{10}$ Prozeß- und Verhandlungsgebühr aus je 1400 RM., $^{5}/_{10}$ Beweisgebühr und $^{5}/_{10}$ weitere Verhandlungsgebühr aber nur aus 1040.— RM.

Futterkosten (überhaupt alle fortlaufenden Schäden, welche ohne besonderen Antrag der Parteien den Wert des Streitgegenstandes ständig erhöhen) sind meines Erachtens anders zu beurteilen, als wiederkehrende Leistungen.

Bei diesen sind nur die bis zur Klageerhebung aufgelaufenen Rückstände dem Streitwert hinzuzurechnen: der Wert des Streitgegenstandes bleibt in der ganzen Instanz derselbe, wenn nicht durch Parteiantrag eine Änderung desselben herbeigeführt wird.

Selbstverständlich ist, daß die Futterkosten dem Werte des Streitgegenstands nur solange hinzuzurechnen sind, als der Antrag praktische Bedeutung hat. Wenn also das Tier verendet, versteigert oder zurückgenommen wird, ist die laufende Werterhöhung beendet.

Bei der Berechnung des Beschwerdegegenstandes werden die Futterkosten bis zum Tage der Einlegung des Rechtsmittels berücksichtigt. Im übrigen gelten die vorstehenden Ausführungen.

Gegenforderung.

Eine Gegenforderung, welche der Kläger schon in seiner Klage zum Abzug bringt und den Rest nur geltend macht, ist insoferne zu berücksichtigen, als als Streitwert nur die Höhe des in der Klage geltend gemachten Restbetrages in Betracht kommt.

Wenn der Beklagte aufrechnungsweise eine Gegenforderung geltend macht, um dadurch die Klageforderung ganz oder teilweise zum Erlöschen zu bringen, so liegt insoweit keine Widerklage vor: eine Erhöhung des Streitwerts tritt dadurch nicht ein.

Wenn der Beklagte aber die ganze oder teilweise Abweisung der Klage beantragt und eine Gegenforderung dergestalt geltend macht, daß er unter Erhebung von Widerklage die Verurteilung des Klägers begehrt, ist der Wert der Widerklage dem Streitwert der Klage hinzuzurechnen.

Bei der Klage auf Herausgabe von Sachen stellt der Wert der Sachen gemäß § 6 RZPO. den Streitwert dar, ohne Rücksicht auf eine Gegenforderung, aus welcher der Beklagte ein Zurückbehaltungsrecht geltend macht. RG. 133, 289.

Gegenseitige Verträge.

Soweit der Streitwert einer Klage in Betracht kommt, steht der Grundsatz fest, daß wenn auf Leistung gegen Gegenleistung geklagt wird, der Wert der Gegenleistung bei der Streitwertberechnung nicht abzuziehen ist.

Das gilt sowohl bei gegenseitigen Verträgen wie auch in allen anderen Fällen.

Es ist gleichgültig, ob der Kläger von vorneherein die Gegenleistung anbietet oder ob erst die Verteidigung des Beklagten dahin geht, daß er nur gegen eine Gegenleistung seinerseits zu leisten hat.

Bei Rechtsmitteln darf zur Feststellung der Beschwer des Rechtsmittelklägers der Wert der Gegenleistung nicht abgezogen werden. RG. 140, 359; siehe auch Anm. 4 zu § 10 RAGO. v. Willenbücher und Anm. 2 zu § 3 RZPO. von Stein-Jonas.

Bei der Klage auf Auflösung eines gegenseitigen Vertrags ist das Interesse des Klägers an der Auflösung maßgebend. Der Streitwert ist demnach nach § 3 RZPO. zu berechnen. RG. in JW. 1903, 3, 1.

Wird auf Zahlung einer Geldforderung geklagt unter Erbieten zur Herausgabe bestimmter Gegenstände, welche zur Sicherung der Forderung übereignet sind, ist Streitwert die Forderung selbst. OLG. Nürnberg in BayZ. 1932, 81.

Geldforderung.

a) Bei der Klage auf Bezahlung einer bestimmten Geldsumme in Reichsmark ist der Betrag der Geldforderung der Streitwert unter Beachtung der Nebenforderungen. Bildet demnach eine bestrittene Geldforderung den Gegenstand des Rechtsstreits, so ist der Streitwert regelmäßig nach dem Betrage der Forderung festzusetzen ohne Rücksicht darauf, ob diese bereits fällig oder betagt ist. BayZ. 1930, 13 und ohne Rücksicht auf die wirtschaftliche Bedeutung, die die Forderung für den Kläger hat. OLG. Breslau in JW. 1934, 2494, 10.

b) Für Klagen auf Zahlung in ausländischer Währung: siehe „Ausländische Währung".

c) Streit über die Fälligkeit einer Forderung. Beschwert sich der Schuldner lediglich darüber, daß die Fälligkeit einer Forderung auf einen früheren als den von ihm gewollten Zeitpunkt angenommen wird, so bestimmt sich der Beschwerdewert nach dem gemäß § 3 RZPO. frei zu schätzenden Interesse des Schuldners an der späteren Fälligkeit.

   Ist aber nicht bloß die frühere oder spätere Fälligkeit, sondern zugleich die Forderung an sich streitig, so ist für die Bestimmung des Streitwerts oder Beschwerdewerts nur der Betrag der Forderung maßgebend. RG. in Rechtspfleger 1928, 126.

d) Wenn auf Leistung gegen Gegenleistung geklagt wird, ist der Wert der Gegenleistung bei der Streitwertberechnung nicht abzuziehen. Das gilt sowohl bei gegenseitigen Verträgen wie auch in allen anderen Fällen.

   Es ist gleichgültig, ob der Kläger von vorneherein die Gegenleistung anbietet, oder ob erst die Verteidigung des Beklagten dahin geht, daß er nur gegen eine Gegenleistung seinerseits zu leisten hat.

Bei Rechtsmitteln darf zur Feststellung der Beschwer des

Rechtsmittelklägers der Wert der Gegenleistung nicht abgezogen werden. RG. 140, 359.

e) Eine Gegenforderung, welche der Kläger schon in seiner Klage zum Abzug bringt und nur den Rest geltend macht, ist insoferne zu berücksichtigen, als Streitwert nur die Höhe des mit der Klage geltend gemachten Restbetrages ist.

Ebenso tritt keine Erhöhung des Streitwerts ein, wenn der Beklagte eine Gegenforderung nur aufrechnungsweise geltend macht um dadurch den Klageanspruch ganz oder teilweise zum Erlöschen zu bringen.

f) Klage eines Miterben:

Bei der Klage eines Miterben auf Einziehung einer Nachlaßforderung (§ 2039 BGB.) bestimmt sich der Streitwert nach freiem Ermessen. Er ist nicht einfach auf den vollen Betrag der eingeklagten Geldforderung, sondern in Berücksichtigung des unmittelbar verfolgten Interesses der klagenden Partei grundsätzlich nur nach dem Verhältnis des Anteilsrechts des Klägers am Nachlaß zu bestimmen. RG. 38, 421; RG. 93, 128, s. aber Buchstabe a bei „Erbe".

g) Klage gegen einen Erben.

Wenn der Erbe unter Beschränkung seiner Haftung auf den Rücklaß verurteilt ist, dann ist trotzdem der volle Betrag der Forderung der Streitwert, gleichgültig, ob der Nachlaß überschuldet ist oder nicht. RG. 54, 412.

h) Wird Bezahlung einer bestimmten Geldsumme unter Erbieten zur Herausgabe bestimmter Gegenstände, an denen der Kläger für seine Forderung ein Pfandrecht hat, verlangt, dann ist der volle Betrag der Forderung Streitwert, ohne Rücksicht auf den Wert des Pfandes. OLG. Nürnberg in BayZ. 1932, 81.

Geldrente.

Wegen Unterhaltsansprüchen, welche auf gesetzlicher Vorschrift beruhen und wegen Rentenansprüchen der im § 10, III GKG. genannten Art: siehe Unterhaltsansprüche.

Wenn der Kläger eine Rente verlangt, weil der Beklagte schuldhafterweise die Versicherungsbeiträge nicht entrichtet hat und Kläger deswegen seinen Anspruch auf Invalidenrente verloren hat, errechnet sich der Streitwert nach § 9 RZPO. also auf den 12½fachen Betrag, nicht nach § 10 GKG.: hiezu kommen noch die Rückstände bis zum Tage der Erhebung der Klage. OLG. Nürnberg in BayZ. 1927, 313.

Handelt es sich um die Aufwertung einer durch Unterhaltsvertrag festgesetzten Geldrente, dann erfolgt die Wertberechnung nach § 9 RZPO. also auf den 12½fachen Jahresbezug der Rente, weil es sich um die Aufwertung von Vertragsleistungen handelt. OLG. Celle in JW. 1930, 3347, 35.

§ 528 BGB. (Unterhaltsanspruch des verarmten Schenkers). Dieser Anspruch fällt nicht unter § 10 GKG., denn sein Anspruch geht jetzt nur auf Rückgabe des Geschenkes und die Unterhaltszahlung ist lediglich ein dem Beschenkten freistehendes Mittel, um die Ansprüche des Schenkers abzuwenden. Bem. 74 zu § 10 der RAGO. v. Willenbücher; a. M. Sydow-Busch; RAGO. S. 74 Anm. 5; Carlebach, Anm. IV, lit. a.

§ 845 BGB. Ansprüche dieser Art fallen gleichfalls nicht unter § 10 GKG. OLG. Stuttgart in JW. 1927, 868, 35.

§ 823 BGB. u. Behauptung eines vertraglichen Verschuldens. Wenn der Rentenanspruch des Klägers nicht allein auf § 823 BGB. sondern auch auf die Behauptung eines vertraglichen Verschuldens gestützt wird, ist der Streitwert nicht aus § 10 GKG., sondern aus § 9 RZPO. also auf den 12½fachen Betrag des einjährigen Bezugs zu berechnen. OLG. München in JW. 1932, 2912, 50.

§ 825 BGB. Schadensersatzansprüche für die Gestattung der außerehelichen Beiwohnung (gem. § 825 BGB. wird in vorl. Fall u. A. für das uneheliche Kind der Klägerin eine Geldrente verlangt) fallen gleichfalls nicht unter § 10 GKG. Vielmehr erfolgt die maßgebende Berechnung nach § 9 RZPO. (f. d. Kosten gleichfalls maßgebend) auf den 12½fachen Betrag des einjährigen Bezugs. OLG. Nürnberg in BayZ. 1933, 279.

§ 903 RVO. Der Streitwert einer hierauf beruhenden Rente errechnet sich aus § 9 RZPO. RG. in JW. 1928, 2786, 6.

Reichshaftpflichtgesetz und Beförderungsvertrag. Wird die Klage auf beide gestützt, dann errechnet sich der Streitwert aus § 9 RZPO. KG. in JW. 1927, 855, 1.

Bei einer auf Vertrag beruhenden Rentenverpflichtung ist § 10 GKG. nicht anwendbar.

Wenn die Klage zugleich auf Gesetz und Vertrag gestützt wird, errechnet sich der Streitwert aus § 9 RZPO. KG. in JW. 1927, 855, 1.

Wenn in einem Testament an Stelle des Pflichtteils dem Erben eine Unterhaltspflicht des Pflichtteilsberechtigten auferlegt ist, errechnet sich der Streitwert aber aus § 10 GKG. OLG. Augsburg in BayZ. 1928, 211.

Genossenschaft: hier Anfechtung des Ausschlusses aus einer Genossenschaft: s. bei Anfechtungsklagen Nr. III e.

Gesellschaft(er).

a) Auflösung einer G.m.b.H. Klage hierauf und Anfechtung des Auflösungsbeschlusses: siehe Auflösung.
b) Anfechtung von Gesellschaftsbeschlüssen: siehe unter Anfechtung.
c) Bei der Klage eines Gesellschafters gegen einen anderen Gesellschafter auf Befreiung von Gesellschafts-

schulden beim Ausscheiden aus der Gesellschaft ist Streitwert der Gesamtwert der Schuldner. RG. in JW. 1898, 2, 1.

d) Bei der Klage auf Ausschluß eines Gesellschafters aus einer GmbH. ist bei der Streitwertberechnung von der Einlage auszugehen, die durch Verluste gemindert sein kann. OLG. Hamburg in Rsp. 1931, 4.

Gewerkschaftsbeschlüsse: Anfechtung von. Siehe unter Anfechtung.

Grunddienstbarkeit.

Bei Grunddienstbarkeiten im Sinne des § 1018 BGB. errechnet sich der Streitwert aus § 7 RZPO.

Es muß daher die Werterhöhung des herrschenden Grundstücks und die Wertminderung des dienenden Grundstücks festgestellt werden. Der sich auf Grund dieser Feststellung ergebende höhere Betrag ist sodann Streitwert.

Die Wertbestimmung erfolgt nach wirtschaftlichen Gesichtspunkten: die Wertermittelung nach § 3 RZPO. JW. 1897, 6, 20.

Voraussetzung der Anwendbarkeit des § 7 RZPO. ist aber:

a) das Vorhandensein eines herrschenden und eines dienenden Grundstücks,

b) daß über das Bestehen oder den Umfang oder die Bestellung einer Grunddienstbarkeit gestritten wird.

Demgemäß erfolgt die Bestimmung des Streitwerts auch in folgenden Fällen nach § 7 RZPO.:

a) bei der Klage nach § 1004 BGB., wenn sich nach Klageinhalt die Störung als eine Ausübung der Grunddienstbarkeit darstellt,

b) bei der Klage nach § 906 BGB., soweit ein der Grunddienstbarkeit sachlich gleiches Verhältnis in Frage steht, RG. 67, 79f. in Anm. II zu § 7 RZPO. v. Stein-Jonas.

Bei der Streitwertfestsetzung ist die Belastung des Grundstücks je nach der wirtschaftlichen Wertminderung zu berücksichtigen. RG. in JW. 1930, 1083, 6.

Ist für die Berechnung einer Grunddienstbarkeit der Betrag maßgebend, um welchen sich der Wert des dienenden Grundstücks mindert, so ist von diesem Minderwert der Betrag in Abzug zu bringen, der für den Fall der Ausübung der Dienstbarkeit vereinbarungsgemäß vom Eigentümer des herrschenden Grundstücks an den Eigentümer des dienenden Grundstücks zu bezahlen ist. OLG. Hamm in JW. 1932, 2174, 27.

Wird nicht über das Bestehen und den Umfang der Grunddienstbarkeit gestritten, sondern besteht nur Streit über das Bestehen der Gefahr einer Wiederholung der Störung, dann bestimmt sich der Streitwert nach § 3 RZPO. RG. in HRR. 1932, 1595.

In den Rechtsmittelinstanzen ist das Interesse des Klägers für die Berechnung der Beschwerdesumme maßgebend, ohne Rücksicht auf den nach § 7 RZPO. zu berechnenden Streitwert. RG. 63, 100; 67, 81 und JW. 1911, 948, 18.

Grundschuld (und Grundschuldbrief) — siehe auch: Hypothekgläubiger und: Löschung.

Wenn auf Herausgabe eines Grundschuldbriefes geklagt wird, dann ist der Wert des Streitgegenstandes unter Berücksichtigung des Interesses der klagenden Partei nach § 3 RZPO. zu schätzen. Warn. 1919, Nr. 397.

Deckt sich das Interesse des Klägers an der Herausgabe des Briefes mit dem Nennbetrag der Grundschuld, dann ist der Nennbetrag Streitwert. OLG. Kiel in Rechtspfleger 1932, Heft 2.

Bei der Klage auf Löschung einer Grundschuld ist nach § 6 RZPO. Streitwert der Betrag, der im Zeitpunkte der Erhebung der Klage eingetragen war. Findet jedoch das eingetragene Pfandrecht angesichts der vorhergehenden Pfandforderungen nur zum Teil im Verkehrswert des Pfandgrundstücks Deckung, so bestimmt sich der Wert des Löschungsanspruchs nach diesem Teile. OLG. Kiel in Rechtspfleger 1932, Heft 9.

Klage auf Rückgewähr eines Grundschuldbriefes, welcher zur Sicherung einer Forderung gedient hat: Geht der durch den Grundschuldbrief gesicherten Forderung eine andere buchmäßige Belastung voraus, so bildet nicht der volle Wert des Grundstücks, sondern nur derjenige Betrag, um welchen dieser Wert des Grundstücks den Betrag der dem Grundschuldbrief vorausgehenden Belastung übersteigt, den Wert. OLG. Zweibrücken in BayZ. 1931, 248.

Gütergemeinschaft.

Bei der Klage auf Aufhebung der Gütergemeinschaft ist maßgebend das Interesse der Klagepartei an der Aufhebung dieser Gemeinschaft. OLG. Karlsruhe in Rsp. 15, 51.

Güterstand.

a) Klage auf Aufhebung der Errungenschaftsgemeinschaft, siehe: Errungenschaft,
b) Klage auf Aufhebung der Verwaltung und Nutznießung, siehe: Aufhebung,
c) Klage auf Aufhebung der Gütergemeinschaft, siehe: Gütergemeinschaft,

Herausgabe.

Bei Herausgabe von Sachen errechnet sich der Streitwert im Regelfall aus § 6 RZPO. Maßgebend ist der gemeine Verkehrswert der herausverlangten Sachen: ist aber das Miteigentum oder der Mitbesitz streitig, ist der Wert dieses begehrten Teilanspruches der Streitgegenstand.

Die eventuelle Wertsteigerung (Kurswert von Aktien oder Wertpapieren, Devisen usw.) im Laufe des Prozesses ist zwar für die durch die Erhebung der Klage begründete sachliche Zuständigkeit ohne Einfluß, hat aber zur Folge, daß sich die Kosten des Gerichts und des Anwalts rückwirkend aus diesem höheren Werte errechnen. § 9 II GKG. Eine Wertminderung ist insoweit ohne Einfluß.

Herausgabe von Beweisurkunden, Schuldscheinen und Hypothekenbriefen, welche dem Beklagten zwecks Einziehung der Forderung übergeben worden sind: Streitwert nach § 3 RZPO. Maßgebend ist das Interesse, welches Kläger an der Herausgabe dieser Urkunden hat. OLG. Kiel in Rechtspfleger 1932, Heft 9.

Herausgabe eines Hypothekenbriefes: Maßgebend ist der Verkehrswert, den der erhobene Anspruch für den Kläger hat. Der Streitwert errechnet sich aus § 3 RZPO. OLG. Kiel in Rechtspfleger 1930, Heft 8.

Herausgabe eines Grundschuldbriefes: Der Wert des Streitgegenstandes ist unter Berücksichtigung des Interesses der klagenden Partei nach § 3 RZPO. zu schätzen. Warn. 1919, Nr. 397.

Deckt sich das Interesse des Klägers an der Herausgabe des Briefes mit dem Nennbetrag der Grundschuld, dann ist der Nennbetrag Streitwert. OLG. Kiel in Rechtspfleger 1932, Heft 2.

Klage auf Rückgewähr eines Grundschuldbriefes, welcher zur Sicherung einer Forderung gedient hat: Geht der durch den Grundschuldbrief gesicherten Forderung eine andere buchmäßige Belastung voraus, so bildet nicht der volle Wert des Grundstücks, sondern nur derjenige Betrag, um welchen dieser Wert des Grundstücks den Betrag der dem Grundschuldbrief vorausgehenden Belastung übersteigt, den Wert. OLG. Zweibrücken in BayZ. 1931, 248.

Wird gegenüber der an sich begründeten Klage auf Herausgabe eines Grundstücks ein Zurückbehaltungsrecht geltend gemacht und wird Revision eingelegt, um dieses zur Geltung zu bringen, so ist der Wert des Beschwerdegegenstandes nach dem Interesse des Beklagten an der Zurückbehaltung zu bemessen. RG. V. ZS. in BayZ. 1934, 297.

Die Klage auf Herausgabe eines Kindes betrifft eine nichtvermögensrechtliche Streitigkeit. Der regelmäßige Streitwert von 2000 RM. kann aber unterschritten werden. OLG. Kiel in JRdsch. 1929, Nr. 2048, OLG. Dresden in Rechtspfleger 1935, S. 53.

Bei der Klage eines Miterben auf Herausgabe einer Sache an die Nachlaßmasse bestimmt sich der Streitwert nach freiem Ermessen. Er ist nicht einfach auf den vollen Betrag der eingeklagten Forderung, sondern in Berücksichtigung des unmittelbar verfolgten Interesses der klagenden Partei nur nach dem Verhältnis des Anteilsrechts des Klägers am Nachlaß zu bestimmen. RG. 38, 421 und RG. 93, 128; auch in JW. 1918, 559 (s. aber bei Erbe, Buchstabe a).

Wird auf Herausgabe eines Wechsels infolge Auflösung des Kaufvertrages geklagt, dann kann das Interesse des Klägers nur daran bestehen, durch Wiedererlangung des Wechsels einem etwaigen Mißbrauch durch den Beklagten vorzubeugen.

Nach Sachlage kann dieses Interesse nicht dem Gesamtbetrage des Wechsels gleichgeachtet werden und muß erheblich niedriger bewertet werden. OLG. Nürnberg in BayZ. 1929, 30.

Wird die Herausgabe von Wechseln verlangt, weil sie dem Beklagten zur Einziehung der Forderung übergeben worden sind, dann errechnet sich der Streitwert aus § 3 RZPO.

Maßgebend ist das Interesse, welches Kläger an der Herausgabe der Wechsel hat. OLG. Kiel in Rechtspfleger 1932, Heft 9.

Wird auf Zahlung einer Geldforderung geklagt unter Erbieten zur Herausgabe bestimmter Gegenstände, welche zur Sicherung der Forderung übereignet sind, ist Streitwert die Forderung selbst. OLG. Nürnberg in BayZ. 1932, 81.

Wird Herausgabe einer Sache verlangt, ist Streitwert der Wert der Sache. Die Einwendungen des Beklagten sind ohne Bedeutung.

Beklagter macht ein Zurückbehaltungsrecht geltend wegen der für den Kraftwagen des Klägers aufgewendeten Reparaturen.

Der Betrag einer Forderung bestimmt den Streitwert nach § 6 RZPO., wenn deren Sicherung oder ein Pfandrecht den Streitgegenstand bildet und ebenso bei Klagen auf Zahlung oder Feststellung des Bestehens oder Nichtbestehens einer Forderung.

Aber diese Vorschrift gilt nur für die Geltendmachung der Forderung im Wege der Klage, nicht auch im Wege des Zurückbehaltungsrechts, wie es hier vorliegt.

Die Einwendungen des Beklagten sind für den Wert des Streitgegenstandes ohne Bedeutung, auch wenn sie allein den Anlaß zur Klage gegeben haben.

Geht also die Klage auf Herausgabe einer Sache, so ist ausschließlich der Wert der Sache gemäß § 6 RZPO. für den Streitgegenstand bestimmend und die Höhe der Forderung für ein geltend gemachtes Zurückbehaltungsrecht ohne Einfluß auf die Bemessung des Streitwerts. S. Stein III zu § 6 RZPO.; Joachim-Friedlaender, Anm. 128 zu § 10 RAGO.; Willenbücher, Anm. 54 zu § 10 RAGO.; RG. 12, 155, JW. 1893, 382, 3 und 1894, 424, 3; KG. in JW. 1929, 134, 32; auch RG. 133, 289.

Andere Meinung: KG. in JW. 1931, 1831, 16, nämlich: Wird die Herausgabe einer Sache von dem Beklagten mit der Behauptung verweigert, daß ihm ein Pfandrecht zustehe, so ist der Betrag der Forderung, die durch das angeblich entstandene Pfandrecht gesichert sein soll, als Wert des Streitgegenstandes anzusehen, wenn dieser Betrag nicht den Wert der herausverlangten Sache übersteigt.

Bei der Klage auf Herausgabe von Sachen, die zur Sicherung einer Forderung übereignet sind, errechnet sich der Streitwert aus § 6 RZPO. Maßgebend ist der geringere Wert. OLG. München in BayZ. 1930, 288.

Hilfsanträge.

Bei Hilfsanträgen bestimmt sich der Streitwert nach dem höherwertigen. BayZ. 1929, 96.

Wenn demnach über beide Anträge zu entscheiden ist (Haupt- und Hilfsantrag), ist stets der weitergehende Antrag für die Berechnung des Streitwerts maßgebend. JW. 1903, 174, 2; JW. 1904, 473, 15 und RG. 58, 295.

Dies gilt auch, wenn über einen der erhobenen Anträge überhaupt nicht verhandelt worden ist.

Bei alternativer Verurteilung mit Wahlrecht des Beklagten ist für den Streitwert allerdings nur der Wert der geringeren Leistung maßgebend. KG. in Zeitschr. f. preuß. Justizamtmänner 1932, 77.

Für die Rechtsmittelinstanz gilt dasselbe. Gelangt von den gestellten Anträgen nur einer in die höhere Instanz, dann ist nur sein Wert für die Berechnung des Beschwerdegegenstandes maßgebend.

Hinterlegung.

a) Bei der Klage auf Einwilligung in die Auszahlung einer hinterlegten Streitmasse ist Streitwert die Forderung selbst, wenn nicht der hinterlegte Betrag (einschließl. aufgelaufene Zinsen) geringer ist.

Die bis zur Einlegung der Revision aufgelaufenen Zinsen sind keine Nebenforderungen. RG. V. ZS. in Rechtspfleger 1931, Heft 5.

b) Auch wenn bei der Widerspruchsklage gegen den Teilungsplan Auszahlung des hinterlegten Erlöses einschließlich der davon aufgelaufenen Zinsen gefordert wird, sind die Zinsen zur Hauptsache zu rechnen. RG. in Willenbücher, Anm. 34 zu § 10 RAGO.

c) Ist auf Grund eines Kostenfestsetzungsbeschlusses zur Abwendung der Zwangsvollstreckung heraus an den Kläger bezahlt worden, und der Beklagte hat wegen dieses Betrages einen Antrag nach § 717 II RZPO. gestellt, dann betrifft der Rückforderungsanspruch des Beklagten nichts anderes, als die Kosten des Rechtsstreits, also nicht einen anderen Streitgegenstand, als den von der Klage umfaßten.

Sind nun die Restansprüche des Klägers an Hauptsache, Zinsen und den Kosten der Zwangsvollstreckung hinterlegt, und wird über die im Verhältnis zur Hinterlegungsstelle geltende Berechtigung zu ihrem Empfang unter den Parteien gestritten, dann handelt es sich um einen einheitlichen Hauptanspruch, bei dem die erwähnten Zinsen und Kosten keine bloßen Nebenforderungen darstellen. OLG. Frankfurt a. M. in JW. 1929, 1685, 39.

Hypothekgläubiger (siehe auch „Grundschuld" und „Löschung").

Bei der Klage auf Feststellung, daß eine an den Grundstückseigentümer zur Auszahlung gelangende Versicherungssumme für Brandschaden dem Pfandrecht des Hypothekgläubigers unterworfen ist, ist Streitwert der Betrag der Sicherungshypothek, ohne Rücksicht auf Rang und Valutierung, falls die Brandversicherungssumme höher ist als die Hypothek. OLG. Kiel in Rechtspfleger 1934, Heft 1.

Bei hypothekgesicherten Forderungen kommt nur der nach Abzug vorhergehender Belastungen verbleibende Deckungswert in Betracht. OLG. Zweibrücken in BayZ. 1931, 248.

Für Klagen auf Abgabe der Verpfändungserklärung einer bereits verpfändeten Briefhypothek in einer dem § 29 GBO. entsprechenden Form ist der Streitwert nicht nach § 6 RZPO., sondern nach § 3 RZPO. festzusetzen. OLG. Stettin in JW. 1932, 669, 15.

Wenn mit der Klage, die auf einen vor der Aufwertungsstelle geschlossenen Vergleich gestützt wird, Umschreibung der Hypothek verlangt wird, bildet den Gegenstand des Rechtsstreits nicht nur der Rang der zu bestellenden Hypothek, sondern auch die Verpflichtung des Beklagten, die Vergleichssumme hypothekarisch sicher zu stellen.

Streitgegenstand ist demnach der Betrag der im Prozeß zu sichernden Forderung, abzüglich des 25%igen Goldmarkbetrages der bereits eingetragenen Papiermarkhypothek. OLG. Köln in JW. 1928, 1833, 4.

Wird die Erlassung einer einstw. Verfügung beantragt auf Grund eines vor der Aufwertungsstelle abgeschlossenen Vergleichs, wonach dem Antragsgegner bei Vermeidung fiskalischer Strafen verboten wird, bis zur neuen Hypothekbestellung zugunsten des Antragstellers über sein Grundstück durch Veräußerung, Belastung usw. zu verfügen, dann ist gemäß § 6 RZPO. der Aufwertungsbetrag Streitwert. OLG. Köln in JW. 1928, 1833, 5.

Immissionsklagen (§ 906 BGB.).

Der Streitwert errechnet sich im Regelfall nach § 3 RZPO. RG. in Rsp. 1907, 894.

Maßgebend ist die Wertminderung, welche das Grundstück erleiden würde, wenn die Immissionen auf unbestimmte Zeit zuzulassen wären. OLG. Nürnberg, Beschl. v. 11. 2. 1932 in BayZ. 1932, 263.

Soweit aber bei der Klage nach § 906 BGB. ein der Grunddienstbarkeit sachlich gleiches Recht in Frage steht, erfolgt die Berechnung des Streitwerts nach § 7 RZPO. RG. 67, 79f. in Anm. II zu § 7 RZPO. von Stein Jonas.

Inzidenzanträge nach § 717 II RZPO. siehe Prozeßanträge.

Konkurs.

§ 148 der Konkursordnung lautet:

„Der Wert des Streitgegenstandes eines Prozesses über die Richtigkeit oder das Vorrecht einer Forderung ist mit Rücksicht auf das Verhältnis der Teilungs- zur Schuldenmasse von dem Prozeßgericht nach freiem Ermessen festzusetzen."

Demgemäß bestimmt sich der Wert des Streitgegenstandes nach § 148 der KO., wenn über Konkursforderungen nach §§ 61 ff. der KO. Streit besteht, wobei aber zu beachten ist, daß der § 148 KO. nicht anzuwenden ist bei einer vom oder gegen den Gemeinschuldner erhobenen Feststellungsklage (siehe hiewegen RG. 24, 405).

Bei Masseforderungen, Aussonderungsansprüchen und Streitigkeiten über abgesonderte Befriedigung errechnet sich gleichfalls der Streitwert nicht aus § 148 KO., sondern nach allgemeinen Grundsätzen.

Für die Berechnung des Streitwerts ist der Zeitpunkt der Einreichung der Klage maßgebend.

Wenn aber bei Beendigung der Instanz die bei Durchführung des Konkurses zu erwartende Quote höher ist als im Zeitpunkte der Klageerhebung, dann errechnen sich rückwirkend die Gebühren des Gerichts und des Anwalts nach diesem höheren Streitwert. Eine Minderung der Quote ist ohne Einfluß: für diesen Fall errechnen sich die Gebühren aus dem am Tage der Klageerhebung geltenden Streitwert.

Streit über das Vorrecht.

Wenn eine Forderung zum Konkurs angemeldet ist, aber Streit über das Vorrecht besteht, ist der Streitwert die Differenz, die auf die Forderung des Klägers entfällt, wenn ihm das beanspruchte Vorrecht zusteht und derjenigen, die auf ihn entfallen würde, wenn er das Vorrecht nicht beansprucht hätte. Hiebei ist unerheblich, daß noch andere Gläubiger vorhanden sind, die nach einer dem Kläger günstigen Entscheidung möglicherweise dasselbe Vorrecht beanspruchen könnten. RG. VII. ZS. in Rechtspfleger 1934, Heft 1.

Klage auf Feststellung der Konkurstabelle.

Eine Klage auf Feststellung zur Konkurstabelle ist endgültig nach dem Verhältnis zu bewerten, zu dem der Gläubiger mit seiner Forderung im Konkurse, sei es auch durch Zwangsvergleich, befriedigt wird. HRR. 1931, Nr. 1377.

Klage gegen eine offene Handelsgesellschaft.

Richtet sich die Klage gegen eine offene Handelsgesellschaft, dann erfolgt die Berechnung gleichfalls nach § 148 KO., obwohl die rechtskräftige Feststellung der Forderung auch Rechtskraftwirkung gegen die nicht im Konkurse befindlichen Gesellschafter hat. RG. in SeuffA. 85, 92.

Wenn Gemeinschuldner die Forderung bestritten hat.

Der Wert des Streitgegenstandes eines Prozesses über die Richtigkeit einer Forderung ist mit Rücksicht auf das Verhältnis der Teilungsmasse zur Schuldenmasse vom Prozeßrichter nach freiem Ermessen festzusetzen (§ 148 KO.). Es ist also die bei Durchführung des Konkurses zu erwartende Quote der Streitwert.

Wenn der Gemeinschuldner die Forderung bestritten hat, ist bei der Bemessung des Streitwerts weiterhin zu berücksichtigen, daß der Kläger durch die angestrebte Feststellung und Eintragung in die Konkurstabelle einen Vollstreckungstitel erlangt, mit dem er auch in das zukünftige Vermögen des Gemeinschuldners vollstrecken kann. OLG. Nürnberg in BayZ. 1928, 213.

Klage auf Feststellung einer streitigen Forderung nach § 146 KO. in Verbindung mit der Feststellung des Rechts auf abgesonderte Befriedigung.

Bei dieser Klage ist der letztere Antrag als der höhere für die Streitwertberechnung maßgebend: der Streitwert bestimmt sich aus § 6 RZPO.

Eine Zusammenrechnung des Wertes beider Anträge gemäß § 5 RZPO. hat nicht stattzufinden, da mit jenen in Wirklichkeit nur ein Anspruch, wenn auch in verschiedenen Rechtsbeziehungen geltend gemacht wird.

Wie bemerkt wurde, bestimmt sich der Streitwert aus § 6 RZPO. nach der Höhe der Forderung, deren abgesonderte Befriedigung erstrebt wird. Ist aber der Wert des Gegenstandes des Pfandrechts, mit dem diese erstrebt wird, geringer, so richtet sich der Streitwert nach dem Werte des Pfandrechts. OLG. Kiel in Rechtspfleger 1930, Heft 2.

Übergang von der Leistungs- zur Feststellungsklage.

Wird ein durch die Konkurseröffnung unterbrochener Rechtsstreit wieder aufgenommen, so werden auch die darnach entstehenden Kosten der Instanz nach dem ursprünglichen und nicht nach dem gemäß § 148 der KO. geminderten Werte berechnet: sämtliche Kosten der Instanz bilden Masseschulden. OLG. Stettin in JW. 1933, 1137, 5; a. M. RG. in JW. 1894, 114, 7.

Abgesonderte Befriedigung.

Bei einer von dem Konkursgläubiger gegen den Konkursverwalter angestellten Klage auf Feststellung der Berechtigung zur abgesonderten Befriedigung aus dem Erlös gepfändeter Sachen ist der Streitwert nach § 6 RZPO. und nicht nach § 148 der KO. zu bemessen ohne Berücksichtigung vorhergehender oder gleichzeitiger Pfändungen. OLG. München in BayZ. 1927, 166.

Aussonderungsansprüche.

Bei Ansprüchen solcher Art gelten die allgemeinen Grundsätze über die Berechnung des Streitwerts.

Beschwerdegegenstand.

Maßgebend ist das Verhältnis der Teilungs- zur Schuldenmasse im Zeitpunkte der Einlegung des Rechtsmittels.

Kosten (siehe auch Nebenforderungen).

I. Die Kosten scheiden sich in zwei Gruppen:

a) in solche, die vor der Klagestellung entstanden sind (vorprozessuale Kosten),

b) in solche, welche bei Durchführung des Rechtsstreits entstehen (Prozeßkosten).

Zu a. Vorprozessuale Kosten sind alle diejenigen, welche vor Erhebung der Klage in bezug auf den Streitstoff entstanden sind (z. B. Kosten der Inverzugsetzung des Beklagten, Portis, Telefonspesen, evtl. Gebühren und Umsatzsteuer eines Anwalts, Kosten eines Gutachtens, Kosten eines früheren, in der gleichen Sache geführten Prozesses usw. Unter Kosten im Sinne des § 4 RZPO. sind nur die vor dem Prozeß entstandenen Kosten zu verstehen. RG. in JW. 1931, 1035, 12.

Stehen diese Kosten also in einem tatsächlichen Abhängigkeitsverhältnis zur Hauptsache und bedingt ihr Vorhandensein notwendigerweise das Vorhandensein der Hauptsache, dann sind sie Nebenforderungen und werden nicht zur Hauptsache gerechnet, wenn sie mit letzterer in einer Klage geltend gemacht werden. S. hiewegen auch RG. 55, 82.

Zu b. Unter Prozeßkosten versteht man diejenigen Kosten, welche in Durchführung des Rechtsstreits entstehen (also Gerichtsgebühren und Anwaltskosten, Zeugen- und Sachverständigengebühren, die baren Auslagen des Gerichts, des Anwalts und weiter alle Aufwendungen der Partei in bezug auf die Prozeßführung).

Zu den Kosten in diesem Sinne gehören auch: die Kosten eines Beweissicherungsverfahrens, die Kosten für die Bestimmung des zuständigen Gerichts, die Kosten des vorangegangenen Mahnverfahrens usw.

Diese Kosten bleiben bei der Streitwertberechnung unberücksichtigt.

II. Die Kosten sind Hauptsache oder werden gemeinsam mit anderen Nebenforderungen Hauptsache:

a) (die vorprozessualen Kosten),

1. wenn sie ohne den Hauptanspruch eingeklagt werden,
2. wenn ein gerichtlicher Akt sich nur auf die Nebenforderungen erstreckt (z. B. Beweiserhebung),
3. wenn ein gerichtlicher Akt sich auf die Nebenforderungen eines

bereits erledigten Teiles des Hauptanspruches und einen nicht erledigten Teil des Hauptanspruches erstreckt; in diesem Falle ist Streitwert der nichterledigte Teil des Hauptanspruches und die Nebenforderungen (Zinsen, Kosten usw.), soweit sie von dem erledigten Teile abhängig sind.

Zu 2 und 3 ist aber zu beachten, daß die Nebenforderungen, wenn sie selbständig werden, niemals den Betrag des Hauptanspruches übersteigen dürfen. § 15 I GKG.

Früchte, Nutzungen, Zinsen und Kosten sind bei der Berechnung des Streitwerts zu berechnen, wenn sie nicht als Nebenforderungen, sondern nach Erledigung der Hauptsache selbständig geltend gemacht werden. Sie sind dann selbst Hauptsache. RG. in JW. 1928, 508, 41; auch JW. 1927, 2803, 6; RG. 47, 256 und RG. 60, 112; JW. 1927, 2129, 28.

b) (die Prozeßkosten),

wenn sie nach vollständiger Erledigung des Hauptanspruches und der gesamten Nebenforderungen sich noch im Streite befinden. Für die Streitwertberechnung ist in diesem Falle der Zeitpunkt der vollständigen Erledigung von Hauptsache und Nebenforderungen maßgebend. In die Stellung des Hauptanspruches rücken die bis zu diesem Zeitpunkt entstandenen Kosten. OLG. Celle in JW. 1930, 657, 19. Befindet sich der geringste Teil des Hauptanspruches oder nach Erledigung desselben der geringste Teil einer Nebenforderung (z. B. Zinsen) im Streite, dann sind diese noch im Streit befindlichen Teile für die Streitwertberechnung maßgebend. Maßgebend ist also die vollständige Erledigung von Hauptsache und der gesamten Nebenforderungen. Ist nach Erledigung der Hauptforderung nur ein Zinsanspruch streitig geblieben und Gegenstand der Entscheidung geworden, so bleiben die Prozeßkosten Nebenforderung im Sinne des § 4 Abs. I Halbsatz 2 der RZPO. Sie kommen für die Berufungssumme auch insoweit nicht in Betracht, wie sie auf den Streit über den Zinsanspruch zurückgehen. RG. V. ZS. Beschl. v. 3. 11. 34 in Rechtspfleger 1934, S. 640, auch in JW. 1934, 3276, 13.

III. Beispiele:

a) Klage über 300.— RM., ... = Hauptsache,

4% Zinsen hieraus seit 1. 1. 34,
1.21 RM. Mahnkosten, } . . . = Nebenforderungen,

104.— RM. bisherige Kosten d. Rechtsstreits . . . . = Prozeßkosten.

300.— RM. und die Zinsen werden nach Beweiserhebung bezahlt: wegen der Mahnkosten wird weiterverhandelt.

Augenblicklicher Wert des Streitgegenstandes ist 1.21 RM.,

weil noch dieser Teil der Nebenforderungen sich im Streite befindet. § 15 III GKG.

b) Klage über 301.— RM., 6% Zinsen hieraus seit 1. 1. 34 und 12.50 RM. Mahnspesen. Nach Beweiserhebung und weiterer streitiger Verhandlung werden Hauptsache, Zinsen und Mahnspesen bezahlt: wegen der Prozeßkosten wird weiter verhandelt.

Diese betragen im Zeitpunkte der Erledigung von Hauptsache und Nebenforderungen:

2 mal 71.— RM. Kosten der beiden Anwälte .	= 142.— RM.,
Kosten eines Sachverständigengutachtens . . .	= 112.— RM.,
Gebühren an sechs Zeugen.	= 48.— RM.,
bisherige Gerichtskosten	= 24.— RM.,
	Summe: 326.— RM.

Dieser Betrag ist nunmehriger Streitwert. § 15 III GKG. Ob die Prozeßkosten den Hauptanspruch (301.— RM.) übersteigen, ist gleichgültig.

In der Zwangsvollstreckung hört der Begriff Nebenforderungen auf. Jeder Anspruch ist für sich selbständig. Daher werden auch die vorprozessualen Kosten und die Prozeßkosten dem Hauptsachebetrag hinzugerechnet. (Kostenfestsetzungsbeschluß!)

IV. Einzelfälle.

a) Beschwerdegegenstand.

Die Berufungssumme für das Kostenurteil richtet sich nach dem Kostenbetrag, nicht nach dem Streitwert der Hauptsache. OLG. Königsberg in JW. 1929, 883, 39; LG. Stuttgart in JW. 1932, 2923, 7.

Wird die Frage der Kosten, die in II. Instanz Gegenstand einer Anschlußberufung war, infolge der prozessualen Lage in der Revisionsinstanz wieder Nebenforderung, so ist bei der Berechnung des Streitwerts die Frage der Kosten auszuscheiden. RG. in JW. 1932, 175, 10 u. JW. 1931, 3557, 19.

b) Kosten bei der Klage gegen den Bürgen.

Die gegen den Hauptschuldner entstandenen Kosten sind bei einer Klage gegen den Bürgen auf Grund seiner Bürgschaftsverpflichtung Nebenforderung. RG. 56, 257.

c) Wegen der Kosten bei einer Beschwerde gegen den Beschluß des Landgerichts, welcher die Ablehnung eines Sachverständigen für unbegründet erklärt hat: siehe unter Sachverständiger.

d) Bei Anfechtungsklagen auf Grund des AnfGes. werden die Kosten, soweit sie Nebenforderungen sind, der Hauptsache hinzugerechnet. RG. 139, 239.

e) Kostenhaftung des Klägers bei Verurteilung der Frau und Abweisung der Klage gegen den Ehemann: siehe unter „Duldung".

Kostenfestsetzungsverfahren.

Im Kostenfestsetzungsverfahren ist Wert des Streitgegenstandes:

a) wenn die Festsetzung der Kosten nach Antrag erfolgt: der Betrag, dessen Erstattung verlangt wurde (ohne Hinzurechnung der Kosten des Festsetzungsverfahren);

b) wenn einzelne, geltend gemachte Beträge gestrichen werden: der Betrag, welcher nach dem Beschluß zu erstatten ist (abzüglich der Kosten des Verfahrens selbst);

c) wenn die Kosten nach Quoten verteilt sind: der Betrag, welcher dem Antragsteller unter Berücksichtigung der Kosten des Gegners auf Grund des Beschlusses des Urkundsbeamten zu erstatten ist (abzüglich der Kosten des Festsetzungsverfahrens).

Der festgesetzte Betrag ist für beide Parteien Streitwert, ohne Rücksicht auf den im Urteil den Parteien zugesprochenen Bruchteil ihrer eigenen Kostenforderung.

Siehe auch: Willenbücher, Kostenfestsetzungsverfahren, Anm. 9 zu XI, Rittmann-Wenz, Anm. 2 zu § 23 RAGO.; a. M. (Streitwert sind die gesamten angemeldeten Kosten) in Baumbach, Anm. 4 B zu § 23 RAGO.

Bei Erinnerungen gegen den Kostenfestsetzungsbeschluß ist Streitwert derjenige Betrag, dessen Zubilligung oder Abstreichung verlangt wird.

Sind im Falle der Erinnerungen die Kosten nach Quoten verteilt, dann ist Streitgegenstand derjenige Betrag, um den sich bei Erfolg der Beschwerde der vom Beschwerdeführer zu tragende Kostenteil unter Berücksichtigung des ihm bei Abgleichung der beider seitigen Kostenpflicht zustatten kommenden Teilbetrags gemindert hätte. OLG. Zweibrücken in BayZ. 1932, 213.

Die Kosten des Beschlusses und der Erinnerungen sind Nebenforderungen im Sinne des § 4 RZPO.

Werden die Erinnerungen (befristete oder unbefristete) aus anderen Gründen erhoben (Mangel des Titels, des Gesuchs der Zuständigkeit usw.), dann ist Streitwert der festgesetzte Kostenbetrag.

Lagergeld.

Das mit der Klage begehrte Lagergeld ist dem Streitwert der Hauptsache hinzuzurechnen.

Wird das Lagergeld fortlaufend begehrt, dann bedingt dies auch eine fortlaufende Erhöhung des Wertes des Streitgegenstandes. Siehe im übrigen die Ausführungen bei „Futterkosten", welche auch für fortlaufendes Lagergeld gelten.

Löschung.

a) Klage auf Löschung einer Grundschuld.

Streitwert ist nach § 6 RZPO. der Betrag, der im Zeitpunkte der Erhebung der Klage eingetragen war.

Findet jedoch das eingetragene Pfandrecht angesichts der vorgehenden Pfandforderungen nur zum Teil im Verkehrswerte des Pfandgrundstückes Deckung, so bestimmt sich der Wert des Löschungsanspruches nach diesem Teile. OLG. Kiel in Rechtspfleger 1932, Heft 9.

b) Klage auf Löschung der Vormerkung zur Sicherung des Rechtes auf Auflassung.

Es ist nicht das Eigentum oder der Besitz an dem Grundstück streitig. Der Streitwert errechnet sich daher nach § 3 RZPO. (zu bemessen nach dem Interesse des Klägers nach der Löschung der Vormerkung). Siehe auch RG. in JW. 1902, 124, 1.

Dieses Interesse kann höchstens den nach Abzug der dinglichen Schulden verbleibenden Werte des Grundstücks erreichen. OLG. Kiel in Rechtspfleger 1929, Heft 10.

c) Klage auf Löschung eines Nießbrauchsrechts.

Streitwert ist der Rohertrag für die Dauer des Rechts ohne Rücksicht auf die Hypothekenzinsen. KG. in Rsp. 29/18 in Willenbücher, Anm. 10 zu § 10 RAGO.

d) Klage auf Löschung eines Widerspruchs gegen die Löschung einer Sicherungshypothek.

Der Wert des Streitgegenstandes kommt dem der Hypothek gleich. OLG. Hamburg in Rsp. 17, 76 in Willenbücher, Anm. 10 zu § 10 RAGO.

e) Klage eines Miterben auf Löschung einer für den Erblasser eingetragenen Hypothek.

Der Streitwert bestimmt sich nach freiem Ermessen. Er ist unter Berücksichtigung des unmittelbar verfolgten Interesses der klagenden Partei nur nach dem Verhältnis des Anteilsrechts des Klägers am Nachlasse zu bestimmen. RG. in JW. 1902, 362, 17, s. aber bei „Erbe" Buchstabe a.

Miete und Pacht.

§ 8 RZPO.

Ist das Bestehen oder die Dauer eines Pacht- oder Mietverhältnisses streitig, so ist der Betrag des auf die gesamte streitige Zeit fallenden Zinses und, wenn der fünfundzwanzigfache Betrag des einjährigen Zinses geringer ist, dieser Betrag für die Wertberechnung entscheidend.

§ 10 Abs. I GKG.

Ist das Bestehen oder die Dauer eines Pacht- oder Mietverhältnisses für einen längeren als einjährigen Zeitraum streitig, so wird der Wert auf den Betrag des einjährigen Zinses berechnet.

Bis zum 31. 3. 1937 gilt folgende Fassung (RGBl. 1933, Teil I, S. 521 u. RGBl. 1935, I, S. 456).

Ist das Bestehen oder die Dauer eines Miet- oder Pachtverhältnisses streitig, so ist der Betrag des auf die streitige Zeit entfallenden Zinses und, wenn der einjährige Zins geringer ist, dieser Betrag für die Wertberechnung maßgebend. Geht der Anspruch auf Räumung eines vermieteten oder verpachteten Grundstücks, Gebäudes oder Gebäudeteiles, so ist ohne Rücksicht darauf, ob über das Bestehen des Miet- oder Pachtverhältnisses Streit besteht, der vierteljährliche Zins maßgebend, sofern sich nicht nach der Vorschrift des Satzes 1 ein geringerer Streitwert ergibt.

§ 13, Abs. V MSchG.

Für die Wertberechnung bei der Aufhebungsklage ist der Betrag des für die Dauer eines Vierteljahres zu entrichtenden Mietzinses maßgebend.

Zu § 8 RZPO.:

Die Berechnung erfolgt zur Feststellung der sachlichen Zuständigkeit (soweit nicht § 23, Ziffer 2 a GVG. zutrifft), sowie zur Ermittlung der Berufungs- und Revisionssumme.

Dieser Wertberechnung unterliegen Streitigkeiten über das Bestehen oder die Dauer eines Pacht- oder Mietverhältnisses, die Klagen auf Überlassung, Benutzung oder Räumung, wenn ein Vertrag vorliegt, ebenso Klagen dieser Art bei Vorliegen von Untermiete oder Jagdpacht (s. RG. in JW. 10, 291, 27).

Die Klagen aus Dienstmiete, Werkvertrag und aus dem Eigentum gehören nicht hierher; ebensowenig die Ansprüche auf Zahlung von Miet- oder Pachtzinsen.

Bei mietähnlichen Nutzungsrechten errechnet sich der Streitwert aus § 6 RZPO. (§ 8 RZPO. u. § 10 I GKG. sind nicht anwendbar). Siehe DRZ. 1932, S. 23.

Bei schwankenden Leistungen oder gestaffeltem Zins ist der Durchschnittsbetrag festzustellen;

soweit der Zins in Naturalleistungen besteht, sind diese nach § 3 RZPO. frei zu schätzen.

Zu berücksichtigen ist nur der reine Mietzins, nicht auch andere Leistungen: z. B. Baukostenzuschüsse, Einlagen usw.

Die dem Pächter neben seinem Pachtzins obliegenden Leistungen, wie Versicherungsprämien, Rentenbankzinsen, Steuern bleiben unberücksichtigt. RG. in JW. 1932, 1058: ebenso evtl. Leistungen für eine Sammelheizungsanlage zur Beheizung der Mieträume. LG. II Berlin in JW. 23, 26, 2.

Ist mit der Klage gleichzeitig die Zahlung rückständiger Mietzinsen begehrt, dann erfolgt Zusammenrechnung der beiden selbständigen Ansprüche (siehe auch bei: Zusammenrechnung).

Streitwert für die Gebührenberechnung.

Der sich auf Grund des § 8 RZPO. errechnende Streitwert ist für die Berechnung der Gerichts- und Anwaltskosten nur insoweit maßgebend, als nicht § 10 I GKG. und § 13 V MSchG. eine andere Regelung trifft. Darnach ist bei der Mietaufhebungsklage (§§ 1 p—18 MSchG.) der vierteljährliche Mietzins Streitwert: geht aber der Streit um eine kürzere Zeit, dann ermäßigt sich der Streitwert entsprechend.

a) Räumungsklage gegen den früheren Ehegatten:

Der Streitwert ist nach freiem Ermessen zu bestimmen. Es handelt sich nicht um einen Streit über den Besitz einer Sache, sondern um einen solchen über ein Mehreren gemeinschaftlich zustehendes Recht, an dem im Zweifel den Streitsteilen gleiche Rechte zustehen (§§ 741, 742 BGB.).

Das Interesse des Klägers an der Erlangung des anderen Hälfteanteils ist also für die Bemessung des Streitwerts maßgebend und ist in entsprechender Anwendung des § 10 I GKG. zu bemessen. OLG. Augsburg in BayZ. 1925, 392.

b) Klage auf Räumung eines Ladens gegen Zahlung einer Entschädigung von 600 RM. und der Umzugskosten:

Der Streitwert ist nach § 13 V MSchG. die dreifache Monatsmiete. Daß die Räumung des Ladens Zug um Zug gegen Leistung des Betrages von 600 RM. zu erfolgen hat, ist für die Berechnung des Streitwerts ohne Belang.

In der gleichen Sache ist der Streitwert bezüglich des Antrags auf einstweilige Einstellung der Zwangsvollstreckung nach § 3 RZPO. festgesetzt worden und zwar entsprechend dem Interesse an der einstweiligen Vollstreckungsregelung. OLG. München in BayZ. 1929, 230.

c) Klage auf Zahlung künftiger Mietzinsen:

Der zwischen den Parteien getätigte Mietvertrag war von vorneherein auf unbestimmte Zeit abgeschlossen. Wenn auch seitens der Beklagten das Mietverhältnis nur im Wege der Aufhebungsklage beendet werden konnte, so war doch der Kläger berechtigt, jeweils das Mietverhältnis für den Schluß eines Kalendervierteljahres am Beginn desselben zu kündigen.

Für die Berechnung des Streitgegenstandes kommt bei Klagen, welche die Höhe des Mietzinses zum Gegenstand haben, nicht § 8 oder § 9 RZPO. zur Anwendung. Denn es handelt sich nicht um einen Streit über das Bestehen oder Nichtbestehen eines Mietverhältnisses oder um ein Recht auf wiederkehrende Nutzungen oder Leistungen, sondern lediglich um einen Streit über die Höhe des zu entrichtenden Mietzinses. § 9 RZPO. bezieht sich nicht auf Ansprüche aus gegenseitigen Verträgen, deren Fortdauer wie der Anspruch auf Mietzins von einer fortlaufenden Leistung des anderen Teils (Gewährung der Mietsache) abhängig ist.

Entsteht ein Streit über die Höhe des Mietzinses bei einem auf bestimmte Zeit geschlossenen Mietverhältnis, so wird man das Interesse an der Feststellung auf den Betrag zu bemessen haben, um den für die restliche Dauer der Vertragszeit die Ansichten der Parteien auseinandergehen. Ist der Vertrag auf unbestimmte Zeit geschlossen, dann wird bei Mietverhältnissen, welche nicht dem Mieterschutz unterliegen, in der Regel nur der Unterschied in Betracht kommen, welcher sich bis zu dem nächsten zulässigen Kündigungstermine nach den beiderseitigen Berechnungsarten ergibt. OLG. Breslau in DRZ. 1931, S. 24, Nr. 15 (auch JW. 1927, 858, 10).

Ebenso erklären den § 9 RZPO. nicht für anwendbar: OLG. Stettin in JW. 1924, 2043, 23 und OLG. Augsburg in JW. 2152, 1.

Willenbücher, Anm. 71 zu § 10 RAGO. errechnet den Streitwert, wenn auf Zahlung des Mietzinses „für die Dauer des Mietvertrages" geklagt wird und dessen Dauer von künftigen, ungewissen Ereignissen abhängig ist, aus § 9 erster Fall RZPO.

d) Streit über einen einzelnen Kündigungsakt:

Wenn der Streit der Parteien lediglich die Wirksamkeit eines einzelnen Kündigungsaktes betrifft und nicht die Frage, ob eine Kündigung an sich zulässig ist oder nicht, ist der Streitwert nach § 3 RZPO. zu bemessen. Siehe JW. 1928, 2573, 17.

e) Mietaufhebungsklage gegen den Hauptmieter und Räumungsklage gegen den Untermieter:

Sind die beiden Klagen verbunden, dann errechnet sich der Streitwert für die Mietaufhebungsklage aus §13 V MSchG. und für die Räumungsklage aus § 10 I GKG. KG. in JW. 1930, 3246, 12.

f) Klage auf Räumung, weil der Beklagte ohne Recht einen Mietraum besitzt.

Wenn auf Räumung geklagt wird, weil der Beklagte ohne Recht einen Mietraum besitzt, so ist der Wert des zu räumenden Grundstücks maßgebend. Feste Grundsätze für die Wertfestsetzung bestehen hier nicht. Als richtigste Bewertung erscheint diejenige auf den dreifachen Betrag der monatlichen Miete.

Dies entspricht den Grundsätzen des MSchG., welches für die Wertberechnung den dreimonatlichen Mietzinsbetrag maßgebend sein läßt. LG. Dortmund in JW. 1929, 2575, 3.

g) Klage auf Räumung einer Dienstwohnung:

Ist eine Dienstwohnung als Teil des Gehalts überlassen worden, so liegt kein Mietvertrag vor.

Der Streitwert errechnet sich daher aus § 3 RZPO., wobei maßgebend ist das Interesse des Klägers, die Verfügung über die Mieträume zu erhalten. RG. 30, 372.

h) Streitwert bei Klagen aus § 556 Abs. III BGB.

Der Wert eines Rechtsstreits aus § 556 III BGB. ist nach § 8 RZPO. und nicht nach § 6 RZPO. zu veranschlagen. Die Rückgewährverpflichtung aus § 556 III BGB. beruht nämlich, wie das RG. mit Recht ausgeführt hat (RG. 136, 33) nicht auf dem Besitz oder einer sonstigen gleichsam dinglichen Grundlage, sondern auf dem gesetzlichen Schuldbeitritt zu der Vertragsschuld des Hauptmieters. Ist das aber der Fall, dann fehlt jeder Grund dafür, den Streitwert einer solchen Klage anders zu bewerten als den einer entsprechenden Klage gegen den Hauptmieter. Somit ist § 8 RZPO. anzuwenden.

Es ist in der Rechtsprechung und im Schrifttum anerkannt, daß § 8 RZPO. auch dann gilt, wenn andere Personen als die Vertragsparteien, insbes. der Untermieter, klagen oder verklagt werden. OLG. Kiel in DRZ. 1933, S. 146, Nr. 166.

i) Streitwert bei Feststellung der Nichtigkeit eines Pachtvertrags.

Sind die Parteien darüber einig, daß ein Pachtverhältnis einen bestimmten Zeitpunkt nicht überdauert hat, so hat das Klageverlangen der Feststellung der Nichtigkeit des Pachtvertrags für die Folgezeit nicht das Bestehen oder Nichtbestehen eines Pachtverhältnisses zum Gegenstand, sondern nur die Bedeutung, Schadensfolgen abzuwehren.

In solchem Fall ist nicht § 3, sondern § 8 RZPO. für die Bemessung des Revisionsinteresses maßgebend. JW. 1932, 1058, 19.

k) Streitwert bei der Feststellungsklage, daß Miete und nicht Pacht vorliege.

Der Streitwert (der im übrigen für unzulässig erklärten Feststellungsklage) ist darnach zu bemessen, ob die Klärung künftiger Mietzinsansprüche davon abhängt. RG. in JW. 1930, 755, 3.

Einstweilige Verfügungen:

a) Bei der einstw. Verf. auf Mietezahlung während des Hauptprozesses ist dessen voraussichtliche Dauer für den Streitwert maßgebend. KG. in Grundeigentum. Zeitschr. für Haus- und Grundbesitzer, 1933, 281.
b) Wird dem Mieter durch einstw. Verf. verboten, Wohnungsinteressenten gegenüber ungünstige Angaben über den Vermieter und

die Wohnung zu machen, ist Streitwert regelmäßig eine Monatsmiete. LG. I Berlin in Grundeigentum, s. o. 1933, 803.

c) Der Anspruch auf Wohnungsräumung im Eheprozeß ist ein nichtvermögensrechtlicher. OLG. Nürnberg in BayZ. 1931, 397.

Nach OLG. Kiel in DRZ. 1933, S. 465, Nr. 524 wird dieser Anspruch als ein vermögensrechtlicher behandelt.

Milchabnahme.

Bei der Klage auf Abnahme von Milch innerhalb einer bestimmten Zeit errechnet sich der Streitwert aus § 3 RZPO.

Hiebei ist davon auszugehen, welches Interesse der Kläger an der Abnahme hat.

Dieses deckt sich aber mit dem Gewinn, den er an dem Weiterverkauf an den Beklagten erzielt. KG. in JW. 1931, 1047, 2.

Mitgliedschaft.

Streit über die Mitgliedschaft zu einem eingetragenen Verein: s. bei Anfechtungsklagen, III h.

Nachlaßinventar.

Bei der Klage auf Aufstellung und Beeidigung eines Nachlaßinventars ist ausschließlich das Interesse des Klägers maßgebend. RG. in JW. 1898, 279, 10.

Ist mit der Klage die Herausgabe eines Nachlaßinventars begehrt, dann ist gleichfalls das Interesse des Klägers hieran maßgebend. Hiebei ist davon auszugehen, daß ihm durch die Herausgabe die Verwirklichung seines Anspruches erleichtert wird.

Nebenforderung (siehe auch unter Zinsen und Kosten).

Früchte (§ 99 BGB.), Nutzungen (§ 100 BGB.), die vertraglichen und gesetzlichen Zinsen sowie die vorprozessualen Kosten sind Nebenforderungen (§ 4 RZPO.) und bleiben bei der Streitwertberechnung unberücksichtigt, wenn sie mit der Hauptsache, von der sie abhängen, geltend gemacht werden.

Die Nebenforderungen müssen also in einem tatsächlichen Abhängigkeitsverhältnis zur Hauptsache stehen und ihr Vorhandensein durch das Vorhandensein der Hauptsache bedingt sein. RG. 55, 82.

Bei gleichzeitiger Geltendmachung mit der Hauptsache bleiben also Nebenforderungen unberücksichtigt, wobei unerheblich ist, ob sie die Hauptsache übersteigen oder nicht.

Nebenforderungen anderer Art, insbesondere Schäden, werden der Hauptsache hinzugerechnet.

Nebenforderungen sind:

a) die Zinsen, welche unter dem Gesichtspunkt der „Geltendmachung eines weiteren Schadens" — § 288 II BGB. — geltend gemacht werden (siehe im übrigen unter Zinsen),

b) die gemäß § 717 II RZPO. durch einfachen Prozeßantrag begehrte Rückerstattung der gezahlten Beträge einschließlich der Nebenforderungen (siehe im übrigen unter Prozeßantrag),
c) diejenigen, welche im Streit über einen Absonderungsanspruch im Konkurse geltend gemacht werden (s. unter Absonderungsansprüche),
d) diejenigen welche bei Widerspruchsklagen geltend gemacht werden (siehe auch unter: Widerspruchsklage),
e) diejenigen bei der Vollstreckungsgegenklage (siehe auch dort),
f) die Kosten, welche in bezug auf die Prozeßführung selbst entstehen.

Keine Nebenforderungen liegen vor:

a) soweit die Amortisationszinsen die gesetzlichen oder vertraglichen Zinsen übersteigen (siehe auch unter A),
b) ungetrennte Früchte,
c) wenn Nebenforderungen im Anfechtungsprozeß auf Grund des AnfGes. geltend gemacht werden (siehe auch unter Anfechtung),
d) wenn im Arrestverfahren außer der Hauptsache ein Kostenaversum verlangt wird (siehe unter Arrest),
e) wenn die Vollstreckbarkeitserklärung eines Schiedsspruchs oder dessen Aufhebung auch hinsichtlich der Nebenforderungen verlangt wird (siehe unter „schiedsrichterl. Verfahren"),
f) wenn sie ohne dem Hauptanspruch, von dem sie abhängen, geltend gemacht werden, oder
g) wenn die eingeklagte Hauptsache erledigt ist und nur noch Streit über die Nebenforderungen besteht,

„Früchte, Nutzungen, Zinsen und Kosten sind bei der Berechnung des Streitwerts zu berechnen, wenn sie nicht als Nebenforderungen, sondern nach Erledigung der Hauptsache selbständig geltend gemacht werden. Sie sind dann selbst Hauptsache. RG. in JW. 1928, 508, 41; JW. 1927, 2803, 6."

h) wenn es sich um Schäden handelt (z. B. Futterkosten für ein Pferd usw.).

Nebenintervention.

Bei der Berechnung des Wertes des Streitgegenstandes ist zu unterscheiden, ob der Intervenient an dem völligen Obsiegen der Partei, der er zur Unterstützung beigetreten, Interesse hat oder nur an dem teilweisen Obsiegen.

Daher ist der Streitwert der Nebenintervention nach dem Streitwert des Hauptprozesses zu berechnen, wenn der Nebenintervenient an dem völligen Obsiegen der Partei, welcher er beigetreten ist, ein rechtliches Interesse hat. RG. 111, 410.

Dies ist besonders dann der Fall, wenn der Nebenintervenient beim Unterliegen der Hauptpartei Rückgriffe in voller Höhe zu fürchten hat. KG. in JW. 1929, 878, 28.

Kosten des Zwischenstreits in dem über den Antrag einer Hauptpartei auf Zurückweisung der Nebenintervention gemäß § 71 RZPO. entschieden wird:

Hier handelt es sich lediglich um die Zulässigkeit der Nebenintervention, also um die Frage, ob die gesetzlichen Voraussetzungen hierauf gegeben sind. Eine Entscheidung über den Gegenstand des Hauptprozesses findet dabei nicht statt, sondern zur Entscheidung steht hier allein die Frage, ob der Nebenintervenient sein Interesse am Obsiegen der Hauptpartei, die er unterstützen will, genügend glaubhaft gemacht hat.

Folglich kann nur dieses Interesse den Streitgegenstand für den Zwischenstreit bilden (§ 3 RZPO.). RG. 111, 410. Es braucht sich keineswegs mit dem Streitwert des Hauptprozesses vollständig zu decken. Das Gericht hat es vielmehr stets unter Berücksichtigung der einschlägigen Umstände nach freiem Ermessen besonders zu erwägen. OLG. Kiel, Beschl. v. 5. 9. 34 in Rechtspfleger 1934 S. 638.

Negative Feststellungsklage. Siehe unter Feststellungsklage.

Nichtvermögensrechtliche Ansprüche. (Siehe auch: vermögensrechtliche Ansprüche.)

Bei nichtvermögensrechtlichen Ansprüchen errechnet sich der Wert des Streitgegenstandes aus § 11 GKG.

Er beträgt demnach regelmäßig 2000 RM., kann aber nach Lage des Falles bis zu 1 Million erhöht oder bis auf 500 RM. herabgesetzt werden. In Ehesachen ist eine Herabsetzung ausgeschlossen.

Ist mit einem nichtvermögensrechtlichen Anspruch ein aus ihm hergeleiteter vermögensrechtlicher verbunden, so ist nur ein Anspruch, und zwar der höhere maßgebend.

Die Regel des § 11 GKG. gilt für Klagen der großen Masse des Volkes. Die ausnahmsweise Festsetzung auf einen niedrigeren Betrag ist nur in besonderen Fällen zulässig. Die Einfachheit der Sachlage rechtfertigt sie nicht. JW. 1931, 1203, 2.

Ebenso sind die rechtlichen oder tatsächlichen Schwierigkeiten eines Prozesses für die Festsetzung des Streitwerts bei nichtvermögensrechtlichen Streitigkeiten ohne Bedeutung.

Innerhalb des allgemeinen Rahmens den das GKG. § 11 dahin gegeben hat, können für die Bemessung des Streitwerts nur die wirtschaftlichen Verhältnisse der Parteien in Betracht kommen (a. M. s. nachstehend). OLG. Kassel in JW. 1932, 3642, 16.

(Bedeutung der Schlüsselzahl für nichtvermögensrechtliche Streitigkeiten.)

Bei der Festsetzung des Wertes des Streitgegenstandes für die Gebührenberechnung nach § 11 GKG. kommen Erwägungen, wie sie in der Beschwerdeschrift vorgebracht werden, nicht in Betracht. Es handelt sich nicht um „die Bedeutung der Feststellung der Abstammung und des Personenstandes eines Menschen“ und es kommt nicht in Frage, die Bedeutung einer solchen Feststellung, wie der Beschwerdeführer meint, bei Menschen verschiedener Stände verschieden zu bewerten. Denn die „Bedeutung“ einer nichtvermögensrechtlichen Streitigkeit liegt außerhalb jeden Geldwertes und zwar bei allen Menschen.

Die sogenannte Festsetzung des Wertes für die Gebührenberechnung nach § 11 GKG. ist vielmehr nichts anderes als die Festsetzung einer Schlüsselzahl, die zu angemessenen Gebühren für Gerichte und Rechtsanwälte führt.

Angemessen sind bei Armen niedrigere als die regelmäßigen Gebühren, die durch die Zahl 2000 bestimmt sind. Wenn hinzukommt, daß der Rechtsstreit ganz einfach ist, sind die niedrigsten Gebühren, welche die Gesetze zulassen, angemessen. Da es sich im vorliegenden Falle um arme Parteien handelt und der Rechtsstreit auch weder tatsächliche noch rechtliche Schwierigkeiten bot, ist der angefochtene Beschluß mit Erfolg nicht zu beanstanden usw. OLG. Köln, 7. ZS. in Rechtspfleger 1934, Seite 478.

Auch bei einstweiligen Verfügungen in nichtvermögensrechtlichen Streitigkeiten darf der Wert des Streitgegenstandes nicht unter 500 RM. liegen. OLG. Königsberg in JW. 1928, 2163, 28.

Nichtvermögensrechtliche Ansprüche sind u. a.:

Die Ehesachen, Anfechtung der Ehelichkeit eines Kindes, Anfechtung des Anerkenntnisses der Vaterschaft (auch a. M.), Entfernung einer Photographie aus Wirtschaftsräumen, RG. in JW. 91, 311, Herausgabe eines Kindes, Klage auf Feststellung der unehelichen Vaterschaft (auch a. M.), Klage auf Feststellung der Mitgliedschaft zu einem eingetr. Verein, die einstw. Verfügung auf Duldung, daß der Neubau des Antragstellers ungehindert fortgeführt werden kann, KG. in JW. 1930, 194, 58, die einstw. Verfügung auf Anordnung, daß der Antragsgegner den Einbau der Oberlichtfenster in seinem, an den Neubau des Antragstellers grenzenden Fabrikgebäude zu gestatten habe, KG. in JW. 30, 194, 58, die Geltendmachung eines Namensrechts, RG. in JW. 1899, 574, die Feststellung der Mitgliedschaft zu einem Kriegerverein, RG. in JW. 1897, 531, ferner: die Entmündigungssachen, die Aufgebote zum Zwecke der Todeserklärung und alle Ehrenansprüche.

Nießbrauch.

Klage auf Löschung eines Nießbrauchsrechts: s. bei Löschung.

Offenbarungseid (s. auch bei Erbe, Buchstabe k).

Bei Anträgen auf Ableistung des Offenbarungseides ist Streitwert: Hauptsache, Zinsen, Nebenforderungen und festgesetzte Kosten. § 15 II GKG.

Ob eine Beschränkung des Antrags auf einen Teilbetrag zulässig ist, ist in Literatur und Rechtsprechung bestritten.

Es darf aber angenommen werden, daß eine Beschränkung des Antrags zulässig ist, wenn der betreibende Gläubiger die Zwangsvollstrekkung auch nur wegen eines Teiles der ihm zustehenden Gesamtforderung betrieben hat. Siehe hiewegen: LG. II Berlin in JW. 1932, 3215, 9; OLG. Rostock in JW. 1931, 1832, 19; LG. II Berlin in JW. 1929, 886, 3 (aus der Entschdg. nicht bestimmt ersichtlich).

Bemerkenswert sind folgende Entscheidungen:

a) Keine Beschränkung:

Für das Offenbarungseidverfahren kann die Leistung des Schuldners — Offenbarung seines Vermögens — nicht auf einen Teil beschränkt werden, auch wenn der Gläubiger nur wegen eines Teilbetrages zur Eidesleistung geladen hat. OLG. Jena in JW. 1933, 2224, 8; Baumbach, RZPO. 6. Aufl., § 900 Anm. 2; Kann, Komm., § 900, Anm. 3 RZPO.; Walsmann-Seuffert, RZPO., 12. Aufl., Bd. II, §§ 900, 901, Anm. 5; LG. II Berlin in JW. 1929, 886 (siehe auch oben) u. JW. 1933, 2713, 11.

Auch wenn der Gläubiger erklärt, daß das Verfahren nur wegen eines bestimmten Teilbetrages der Forderung betrieben wird, ist als Streitwert mindestens die volle Summe des noch bestehenden Vollstreckungsanspruchs maßgebend, weil nach § 807 RZPO. eine Beschränkung der Eidesleistung auf einen entsprechenden Teil des Vermögens des Schuldners ausgeschlossen und infolgedessen auch eine Beschränkung des Antrags auf einen Teil der Forderung begrifflich unmöglich ist. OLG. Königsberg in Rechtspfleger 1931, Heft 7.

Maßgebend für die Wertberechnung ist das Interesse des Gläubigers. Im Offenbarungseidverfahren kann nicht angenommen werden, daß das Interesse des Gläubigers sich auf einen Teilbetrag der Schuldsumme beschränkt, den etwa der Gläubiger in seinem Antrag angibt. Ob das Interesse des Gläubigers bei einem fruchtlos gepfändeten Schuldner sich realisieren läßt, ist für den Regelfall unerheblich. Demnach ist Streitwert der Gesamtbetrag der Schuldsumme. LG. Köln in Rechtspfleger 1929, Heft 3.

b) Teilbetrag ist maßgebend:

Für den Streitwert ist der Teilbetrag maßgebend, wegen dessen der Gläubiger die Leistung des Eides verlangt, nicht der Wert der ganzen Forderung, wegen der fruchtlos gepfändet worden ist. KG. in JW. 1930, 194, 57.

Die Beschränkung des Streitwerts durch einseitige Angabe des Gläubigers ist möglich. LG. München II in JW. 1928, 925, 11; LG. Karlsruhe in JW. 1931, 2392, 5.

c) Volle Summe des noch bestehenden Vollstreckungsanspruchs:

Streitwert ist die volle Summe des noch bestehenden Vollstreckungsanspruches. OLG. Königsberg in JW. 1931, 1114, 26; OLG. Jena in JW. 1933, 2713, 11.

d) Freies Ermessen:

Das Gericht hat unter Berücksichtigung aller ihm zur Verfügung stehenden Mittel den Streitwert nach freiem Ermessen festzusetzen, wobei dem Betrag der beizutreibenden Forderung und der vom Gläubiger angegebenen Forderung nur die Bedeutung eines Indiz für die Abschätzung zukommt. Auf diese Weise kann ohne weiteres einer offensichtlich der Sachlage nicht entsprechenden Wertangabe begegnet werden. LG. Frankfurt a. M. in JW. 1933, 1612, 3.

Pfändungsbeschluß.

Was die Zwangsvollstreckung betrifft, so ist zwar ihr Zweck ebenfalls die Sicherstellung eines Anspruchs, aber es muß weiterhin unterschieden werden:

erstreckt sich der Akt auf die Zwangsvollstreckung im ganzen, so bildet der zu vollstreckende Anspruch den Streitwert: das ergibt sich aus § 15 II GKG., wonach auch die Zinsen zum Streitwert zuzuschlagen sind,

betrifft aber die Maßnahme nur einzelne Pfandobjekte, so ist deren Wert maßgebend, wenn er der Geringere ist. LG. Ellwangen in JW. 1929, 886, 5.

Beispiel: Wegen eines auf 1000 RM. lautenden Titels läßt sich Gläubiger eine gepfändete Forderung in Höhe von 300 RM. zur Einziehung überweisen: Streitwert ist: 300 RM.

Hätte der Gläubiger aber einen Herausgabeanspruch im Werte von 1500 RM. pfänden lassen, dann wäre Streitwert: 1000 RM., wozu noch die Nebenforderung, einschl. Zinsen bis zum Tage der Erlassung des Beschlusses hinzuzurechnen sind.

Bei der Klage auf Aufhebung eines Pfändungs- und Überweisungsbeschlusses sind aber Zinsen und Kosten Nebenforderungen.

Bei Erinnerungen gegen einen Pfändungs- und Überweisungsbeschluß ist die gepfändete Forderung Streitwert. OLG. Kiel in DRZ. 1931, 742.

Bei einer sofortigen Beschwerde gegen den Beschluß des Vollstreckungsgerichts ist Streitwert die volle Höhe des Beschwerdegegenstandes, auch wenn sich während des Beschwerdeverfahrens die Hauptsache erledigt und nur noch Entscheidung im Kostenpunkt begehrt wird. OLG. Kiel in JW. 1928, 1320, 8.

Pfandrecht. (S. auch die letzten Absätze bei Herausgabe.)

Ist die Sicherstellung einer Forderung oder ein Pfandrecht Gegenstand eines Prozesses, dann ist Streitwert: die Forderung, wenn aber der Gegenstand des Pfandrechts geringeren Wert hat, dieser.

Das freie Ermessen des Gerichts ist also in solchen Fällen ausgeschlossen: die Einwendungen des Beklagten sind belanglos (etwa die Behauptung eines Zurückbehaltungsrechts).

Die Berechnung der Forderung erfolgt nach § 4 RZPO. (also unter Ausschluß der Nebenforderungen).

Der Wert der Sache berechnet sich nach dem gemeinen Verkehrswert derselben ohne Abzug eventueller Vorbelastungen.

Gleichgültig ist, ob es sich um ein bereits bestelltes Pfandrecht oder erst um die Gewinnung eines solchen handelt.

> Beispiel: Kläger begehrt mit seiner Klage wegen einer Forderung von 1000 RM. die Bestellung eines Pfandrechts an einer Sache im Werte von 300 RM. Streitwert ist: 300 RM. „Für die Streitwertfestsetzung ist der niedrigere Wert des Pfandgegenstandes auch dann zugrunde zu legen, wenn es sich um die Gewinnung eines Pfandrechts handelt. KG. in JW. 1928, 1518, 7 und JW. 1928, 1873, 8." A. M. Rittmann-Wenz, GKG. § 9, Anm. 19.

Geht aber der Streit um die Feststellung des Nichtbestehens eines Pfandrechts, dann ist für diesen Prozeß die Forderung und nicht der Wert des Pfandgegenstandes Streitwert. LG. Nürnberg in JW. 1928, 763, 14.

Der Wertberechnung des § 6 RZPO. unterliegen u. a.: Die Klage auf Feststellung des Bestehens oder Nichtbestehens einer Bürgschaftsverpflichtung, die Klage auf Löschung einer Hypothek, die Sicherungsübereignung (Herausgabe übereigneter Sachen), die Klage nach § 767 RZPO., die Widerspruchsklage § 771 RZPO. die Abtretung einer Forderung zwecks Sicherstellung usw.

Positive Feststellungsklage, siehe Feststellungsklage.

Preisschleuderei mit Markenartikeln.

Das Kammergericht nimmt für jedes einzelne Schleudern folgende Streitwerte an (gemäß § 3 RZPO.):

a) bei einstweiligen Verfügungen:

150,— RM., wenn es sich um Straßenhändler ohne festen Verkaufsstand handelt,

400,— RM., wenn es sich um Straßenhändler oder Markthändler mit festem Verkaufsstand oder um Ladengeschäfte handelt;

b) im Hauptprozesse:

450,— RM. wie oben und

1200,— RM. wie oben. Siehe JW. 1933, 2778, 2.

Prozeßanträge nach § 717 II RZPO.

Wenn der Antrag nach § 717 II RZPO. als bloßer Prozeßantrag zu werten ist, bleibt er bei der Berechnung des Streitwerts außer Betracht. Dieser Schadensersatzanspruch kann aber nicht nur mittels sogenanntem einfachen Prozeßantrag erhoben werden, sondern auch durch eine selbständige Klage oder durch eine Widerklage.

Ist Widerklage erhoben, dann muß bei der Berechnung des Wertes des Beschwerdegegenstandes der widerklagsweise geltend gemachte Anspruch insoweit berücksichtigt werden, als er nicht mit dem Klageanspruch selbst sich deckt. Die Erhebung einer Widerklage erfolgt nicht, daß sie ausdrücklich als solche bezeichnet wird: Voraussetzung ist nur, daß das Rechtsschutzbegehren in der dem Gericht und dem Gegner deutlich erkennbaren und getätigten Absicht gestellt wurde, eine Widerklage anzustrengen. Die gesamten Schadensersatzansprüche des Beklagten aus § 717 II RZPO. sind als einheitlicher Schadensersatz widerklagsweise geltend gemacht. Liegt aber eine Widerklage vor, so ist der Wert des Beschwerdegegenstandes zur Klage mit dem der Widerklage, soweit letztere nicht das einfache Widerspiel der ersteren ist, zusammenzurechnen, wenn die Klägerin die Widerklage abgewiesen haben will. Dann ergibt sich, daß zur Widerklage die vom Beklagten gezahlten Zinsen und Kosten als Rechnungsposten seines einheitlichen Anspruches mitzurechnen sind. RG. 124, 182, auch in JW. 1929, 2151, 14.

Sachlich besteht zwischen dem Inzidentantrag und der förmlichen Widerklage keinerlei Unterschied. Dem Wesen nach handelt es sich beide Male um eine Widerklage, mag sie auch in der äußeren Form sich nicht ohne weiteres als solche darstellen.

Darauf, welchen der beiden zur Verfügung stehenden Wege — Inzidentantrag oder förmliche Widerklage — die bekl. Partei wählt, kann es für den Streitwert und die Kostenberechnung um so weniger ankommen, als auch sonst die Kostengesetze den Parteien nicht die Möglichkeit eröffnen, sich gleichsam selbst Gebührenfreiheit zu verschaffen für Akte, die sonst nur gegen Entrichtung der vorgesehenen Gebühren vorgenommen werden können. Vor allem fehlt es an jeder Möglichkeit objektiver Abgrenzung in dem Augenblick, wo man mit dem RG. es nicht einmal auf die Erklärungen der Parteien, sondern darauf abstellt, ob nach den Umständen sich ihr — äußerlich als Inzidentantrag — gestellter Antrag seinem Wesen nach doch etwa als Widerklage darstellt. Mit der Verwischung dieser Grenzen fehlt es erst recht an jedem inneren Grund, die prozessualen und insbesondere kostenrechtlichen Wirkungen danach zu beurteilen, welchen der — gleichwertigen — Wege die Parteien, vielfach ja rein zufällig, gewählt haben.

Die Gegenansicht entbehrt um so mehr der Berechtigung, nachdem § 4 RZPO. durch Novelle vom 18. 8. 1923 dahin abgeändert worden ist, daß Schäden als Nebenforderungen nicht mehr genannt sind. Danach könnte sich nur noch fragen, ob, soweit der Streitwert der Klage und des Inzidentantrags sich nicht decken, d. h. wegen des

1610 RM. übersteigenden, sich aus Zinsen und Kosten zusammensetzenden Antrags mit Rücksicht auf § 4 RZPO. eine Erhöhung des Streitwerts erfolgt. Diese Frage ist trotz des § 4 RZPO. zu bejahen. Denn hier bildet der durch den Inzidentantrag geltend gemachte Anspruch, auch insoweit er sich aus der ursprünglichen Haupt- und Nebenforderung zusammensetzt, einen selbständigen Schadensersatzanspruch, der nur insofern noch mit der im Rechtsstreit geltend gemachten Hauptforderung zusammenhängt, als deren Vollstreckung den neuen Schadensersatzanspruch, und zwar nun als einheitlichen neuen Anspruch zur Entstehung gebracht hat. Die — ursprüngliche — Nebenforderung steht nunmehr dem — ursprünglichen — Hauptanspruch selbständig gegenüber, ist also für die Streitwertbemessung zu berücksichtigen. KG. 20. ZS. in JW. 1934, 702, 4.

Ist auf Grund eines Kostenfestsetzungsbeschlusses zur Abwendung der Zwangsvollstreckung heraus an den Kläger bezahlt worden und der Beklagte hat wegen dieses Betrages einen Antrag nach § 717 II RZPO. gestellt, dann betrifft der Rückforderungsanspruch des Beklagten nichts anderes, als die Kosten des Rechtsstreits, also nicht einen anderen Streitgegenstand, als den von der Klage umfaßten.

Sind nun die Restansprüche des Klägers an Hauptsache, Zinsen und Kosten der Zwangsvollstreckung hinterlegt und wird über die im Verhältnis zur Hinterlegungsstelle geltende Berechtigung zu ihrem Empfang unter den Parteien gestritten, handelt es sich um einen einheitlichen Hauptanspruch, bei dem die erwähnten Zinsen und die Kosten keine bloßen Nebenforderungen darstellen. OLG. Frankfurt a. M. in JW. 1929, 1685, 39.

Prozeßhindernde Einreden. Siehe bei Zwischenstreit.

Rechnungslegung. Siehe unter Auskunftserteilung.

Rente in Geld: siehe hiewegen bei Geldrente;

für Unterhaltsansprüche, welche auf gesetzlicher Grundlage beruhen, und für Geldrenten (§ 10 III GKG.) siehe bei „Unterhaltsklagen".

Restitutionsklage. Siehe Wiederaufnahmeklage.

Richterablehnung. Siehe bei Ablehnung.

Richterliches Ermessen.

Ist ein bestimmter Antrag gestellt (z. B. Zahlung von 100 RM.) unter Vorbehalt richterlicher Herabsetzung, so bildet der Anspruch in Höhe des verlangten Betrages den Streitwert. OLG. Darmstadt in JW. 1928, 125; OLG. Karlsruhe in Rsp. 15, 50; OLG. München in BayZ. 1933, 314 u. 1931, 329; OLG. Bamberg in Rechtspfleger 1929, Heft 10.

Wenn auf Zahlung von Schadenersatz geklagt ist und ein Mindestbetrag der geforderten Zahlung angegeben ist, bestimmt sich der Streitwert nach § 3 RZPO.

Das Reichsgericht führt aus: Feststehender Rechtsprechung entspricht es, daß das Erfordernis eines bestimmten Geldbetrages nach § 253 II 2 RZPO. auch bei Klagen auf Geldleistungen nicht unter allen Umständen eine ziffernmäßige Angabe des geforderten Geldbetrages bedeutet. RG. 140, 211.

Wenn auf Zahlung eines Schadensbetrages geklagt ist, dessen Festsetzung richterlichem Ermessen überlassen wurde, dann ist der Streitwert nach § 3 RZPO. festzusetzen. RG. in JW. 1897, 450, 23.

Sachverständiger.

a) Ablehnung eines Sachverständigen.

Streitgegenstand und Beschwerdegegenstand sind nicht gleich dem Hauptanspruch. Sie sind niedriger zu schätzen als dieser selbst. Der Wert des Beweisgegenstandes gibt den Anhaltspunkt für die Schätzung nach § 3 RZPO. A. M. Baumbach, Anm. 9 zu § 23 RAGO. (Streitwert der der Hauptsache).

b) Weigerung eines Sachverständigen zur Abgabe eines Gutachtens.

Streitwert ist das Interesse des Beweisführers am Beweispunkt, d. h. dem Werte des Beweisgegenstandes. Anm. 13 zu § 23 RAGO. v. Baumbach; a. M. Willenbücher, Anm. 14 zu § 23 RAGO. (Wert der Hauptsache).

c) Kosten bei Beschwerde gegen einen Beschluß des LG., welcher die Ablehnung eines Sachverständigen für unbegründet erklärt hat.

Ändert das Beschwerdegericht zugunsten des Beschwerdeführers die angefochtene Entscheidung ab, so ist für eine Kostenentscheidung nach § 308 II RZPO. der an sich auch für das Beschwerdeverfahren gilt, nur Raum, wenn die Beschwerdeentscheidung in einem selbständigen Verfahren ergangen ist.

Handelt es sich aber um einen innerhalb des Rechtsstreits ergangenen Beschluß, so bilden die Beschwerdekosten einen Teil der Prozeßkosten: es wird über sie also erst im Urteil mitentschieden und die siegreiche Partei kann auf Grund des Urteils die Erstattung auch der Kosten verlangen, die ihr notwendigerweise im Ablehnungsverfahren entstanden sind. OLG. München, Beschl. v. 2. 10. 32, BayZ. 1933, 14.

Schenkung.

Der Unterhaltsanspruch des verarmten Schenkers (§ 528 BGB.) fällt nicht unter § 10 GKG., denn sein Anspruch geht jetzt nur auf Rückgabe des Geschenkes und die Unterhaltszahlung ist lediglich ein dem Beschenkten freistehendes Mittel, um den Anspruch abzuwenden. Anm. 74 zu § 10 der RAGO. v. Willenbücher; a. M. Sydow-Busch, RAGO. S. 74, Anm. 5 u. Carlebach, Anm. IV lit. a.

Schiedsrichter.

Streitwertberechnung bei Verurteilung eines Schiedsrichters zur Unterzeichnung eines Schiedsvertrags.

Der Beklagte ist in einem schiedsgerichtlichen Verfahren, das zwischen dem Kläger und dem B. als Konkursverwalter schwebte, von dem B. ernannter Schiedsrichter gewesen. Der Obmann des Schiedsgerichts hat einen Schiedsspruch dahin verkündet, daß der Konkursverwalter zur Zahlung von 4000 RM. verurteilt wurde. Der Schiedsspruch ist abgesetzt. Der Beklagte hat sich jedoch geweigert, ihn zu unterzeichnen. Maßgebend für den Streitwert ist das unmittelbare Interesse, das der Kläger an der Verurteilung des Beklagten besitzt, nicht das mittelbare Interesse. Das unmittelbare Interesse geht hier aber nur auf die möglichst sofortige Erlangung eines Titels und auf die Vermeidung der Kosten eines zweiten schiedsgerichtlichen Verfahrens, das, weil die Schiedsrichter nicht im Vertrage ernannt waren, nach § 1031 RZPO. möglich ist. Dieses Interesse ist nicht gleich der Höhe des vom Schiedsgericht zuerkannten Anspruchs, sondern nach § 3 RZPO. zu schätzen und hier auf 1000 RM. zu veranschlagen. OLG. Kiel in DRZ. 1933, S. 400, Nr. 449.

Schiedsrichterliches Verfahren.

a) Antrag auf Ernennung eines Schiedsrichters:

Der Streitgegenstand ist frei zu schätzen, jedenfalls aber niedriger als die Hauptsache selbst. RG. 41, 362 u. OLG. Kiel in Rsp. 19, 166.

b) Ablehnung eines Schiedsrichters: siehe bei Ablehnung.

c) Antrag auf Vollstreckbarkeitserklärung eines Schiedsspruchs:

Im Verfahren auf Vollstreckbarkeitserklärung wird zwischen Haupt- und Nebenforderungen nicht unterschieden, vielmehr ist Streitwert derjenige Betrag, wegen dem der Schiedsspruch vollstreckbar erklärt werden soll: also Hauptsache und Nebenforderungen. JW. 1929, 3191, 4; LG. I, Berlin.

d) Klage auf Aufhebung eines Schiedsspruchs:

Der Streitgegenstand ist die Urteilssumme zuzüglich Zinsen und Kosten. § 4 RZPO. ist nicht anwendbar.

Maßgebend ist das Interesse des Klägers am Freiwerden von den gesamten, ihm durch den Schiedsspruch auferlegten Leistungen. RG. VII. ZS., Beschlüsse v. 23. 9. 30, VII 424 u. 463, 30, in Rechtspfleger 1930, Heft 9.

OLG. Stuttgart in JW. 1933, 1542, 13 läßt das Interesse des Klägers an der Aufhebung maßgebend sein, nicht den Streitwert des Schiedsverfahrens selbst.

Störungsklage.

Der Streitwert errechnet sich im Regelfall aus § 3 RZPO.

Wird nicht über das Bestehen und den Umfang einer Grunddienstbarkeit gestritten, sondern besteht nur Streit über das Bestehen der Gefahr einer Wiederholung der Störung, dann bestimmt sich der Streitwert nach § 3 RZPO. RG. in HRR. 32, 1595.

Streitwertbeschlüsse (in Verbindung mit dem Streitgegenstand).

A. Streitgegenstand.

Der Streitgegenstand ist das vom Kläger oder Widerkläger in Anspruch genommene Recht: es ergibt sich aus dem Klageantrag und dessen Begründung.

Unberücksichtigt bleiben: die Einwendungen des Beklagten, der wirtschaftliche Wert der geltend gemachten Forderung — Einbringlichkeit — die beschränkte Erbenhaftung bei Nachlaßüberschuldung usw.

Es ist also ausschließlich das Interesse des Klägers maßgebend. Siehe im übrigen auch unter: Absonderungsansprüche, Aktien, Alternativklagen, Anfechtungsklagen, Armenrecht, Arrestverfahren usw. mehrere Ansprüche, Geldforderung usw.

Der Streitgegenstand der Klage und der Widerklage bleibt im Regelfall während der ganzen Dauer des Prozesses unverändert: lediglich eine Erweiterung oder Beschränkung der Anträge (§§ 280, 281, 253 II Satz 2, 268, Ziff. 2 und 3, auch 506 RZPO.) bedingt eine Änderung.

Für die Berechnung des Wertes des Streitgegenstandes gilt als maßgebender Zeitpunkt der Tag der Erhebung der Klage oder Widerklage. Die Berechnung erfolgt nach den §§ 3—9 RZPO. und § 148 der KO. Der sich auf Grund dieser Berechnung ergebende Wert ist aber nur maßgebend für die Feststellung der sachlichen Zuständigkeit der Gerichte und der Berechnung der Berufungs- und Revisionssumme. (Siehe auch unter „Beschwerdegegenstand".)

Er gilt auch für die Berechnung der Gerichts- und Anwaltskosten, soweit nicht die §§ 9—15 des GKG. eine andere Berechnungsart bestimmen. Wegen der Änderung des Wertes des Streitgegenstandes während des Prozesses unter Gleichbleibung des Streitgegenstandes selbst, siehe die Ausführungen unter „Aktien" und das Beispiel bei „Futterkosten".

B. Der Streitwertbeschluß.

a) Voraussetzung der Festsetzung des Streitwerts:

Voraussetzung einer jeden Wertfestsetzung ist, daß eine Gerichtsgebühr, deren Höhe vom Werte des Gegenstandes abhängt, entsteht. Ist eine solche Gebühr nicht zu erheben, dann findet eine Wertfestsetzung selbst dann nicht statt, wenn Anwaltsgebühren entstanden sind. OLG. Breslau in JW. 1929, 879, 30; KG. in JW. 1926, 859, 9.

Auch dann ist eine Wertfestsetzung unzulässig, wenn weder die Berechnung noch die Einziehung der Gerichtskosten sie erfordert, wohl aber die Berechnung der außergerichtlichen Kosten sie erwünscht erscheinen läßt. OLG. Stettin in JW. 1926, 868, 29.

Im Armenrechtsverfahren ist jegliche Streitwertfestsetzung unzulässig, ohne Rücksicht darauf, ob das Armenrecht bewilligt oder verweigert worden ist, ebenso bei Beschwerde gegen die Verweigerung. OLG. Breslau in JW. 1928, 2733, 9; OLG. Königsberg in JW. 1932, 1166, 33; gl. Gericht in JW. 1931, 1831, 17; OLG. Breslau in JW. 1929, 146, 59; gl. Gericht in JW. 1929, 879, 30.

Der Einzelrichter des Landgerichts ist zur Streitwertfestsetzung nicht befugt. OLG. Königsberg in JW. 1928, 1878, 21.

b) Änderung der Festsetzung.

Die Wertfestsetzung kann von dem Gericht, das sie getroffen hat, von Amts wegen nur während des Verfahrens geändert werden. KG. in JW. 1931, 1203, 2.

Ist aber das Verfahren in der Revisionsinstanz beendet, so können nach diesem Zeitpunkt Wertfestsetzungen der Vorinstanzen vom Gericht nicht mehr nach § 18 GKG. geändert werden. RG. in JW. 1931, 1094, 24.

OLG. Marienwerder, Stuttgart, Augsburg und Stettin (JW. 1931, 2380, 10; JW. 1931, 2911, 1; BayZ. 1929, 96 u. HRR. 32, Nr. 158) stehen auf dem Standpunkt, daß die Änderung der Wertfestsetzung durch das Gericht, das sie getroffen hat, jederzeit zulässig ist, selbst nach Beendigung des Verfahrens.

Die auf den Lauf des Verfahrens beschränkte Abänderungsbefugnis des Gerichts (§ 18 GKG.) gilt nicht nur für das Gericht höherer Instanz, sondern auch für das Gericht, das die Entscheidung getroffen hat. OLG. Kiel in JW. 1931, 3577, 26.

Nach Beendigung des Verfahrens kann der Festsetzungsbeschluß nicht mehr von Amts wegen, sondern nur auf Beschwerde hin geändert werden. KG. in JW. 1931, 3572, 18.

Auch das Gericht höherer Instanz kann nur im Laufe des Verfahrens den Streitwertfestsetzungsbeschluß ändern. Diese Einschränkung ist dahin zu verstehen, daß jene Befugnis für die höhere Instanz nur solange gilt, als bei ihr der Rechtsstreit noch dauert. Wenn bei ihr Wertfestsetzung schon erfolgt und das Endurteil schon erlassen ist, ist für die fragliche Änderung kein Raum mehr. RG. in JW. 1927, 2627, 8.

c) Unanfechtbarer Beschluß.

Gegen den Beschluß des Landgerichts, durch den über eine Beschwerde gegen den Streitwertbeschluß des Amtsgerichts entschieden worden ist, ist eine weitere Beschwerde nicht zulässig. OLG. Dresden in JW. 1929, 1672, 11.

Ist das Verfahren in der Revisionsinstanz beendet, so können nach diesem Zeitpunkt Wertfestsetzungen der Vorinstanzen vom Gericht nicht mehr nach § 18 GKG. geändert werden. RG. in JW. 1931, 1094, 24.

Ein unanfechtbarer Beschluß des OLG. kann aber vom OLG. auf Grund von Gegenvorstellungen aufgehoben werden. OLG. Dresden in JW. 1929, 1672, 11.

Die Streitwertfestsetzung bei Verwerfung der Berufung wegen Nichtzahlung des Vorschusses ist unanfechtbar. OLG. Königsberg in JW. 1930, 1513, 8.

d) Der Streitwertfestsetzungsbeschluß zwecks Zulässigkeit der Berufung.

Eine Partei ist nach der feststehenden Rechtsprechung des Reichsgerichts nicht zu einer Beschwerde wegen zu niedriger Streitwertfestsetzung berechtigt (JW. 1903, 67, 11). Nach der herrschenden Meinung, der sich der Senat anschließt, gehört die Streitwertfestsetzung für die Zuständigkeit des Gerichts oder die Zulässigkeit eines Rechtsmittels zur Prüfung der Zuständigkeit und Zulässigkeit, hat in den Gründen der Entscheidung zu erfolgen und ist nur zusammen mit der Entscheidung über die Zuständigkeit oder Zulässigkeit anfechtbar.

Wenn man von der Zulässigkeit eines gesonderten Festsetzungsbeschlusses zum Zwecke der Zuständigkeit oder der Zulässigkeit eines Rechtsmittels ausgeht, bleibt die Streitwertfestsetzung durch das Landgericht wie eine etwaige Entscheidung des Oberlandesgerichts ohne Bedeutung. Denn das Landgericht muß noch über die Zuverlässigkeit der Berufung entscheiden und ist dabei weder an seinen eigenen Wertfestsetzungsbeschluß noch an eine Entscheidung des Beschwerdegerichts gebunden. OLG. Zweibrücken in DRZ. 1933, S. 339, Nr. 384.

Stufenklage nach § 254 RZPO. Siehe Auskunftserteilung.

Teilungsplan.

Beim Widerspruch gegen den Teilungsplan ist maßgebend das Interesse des Klägers, daß er mit seiner Forderung vor dem Beklagten in die hinterlegte Streitmasse angewiesen werde.

Der Streitwert ist demnach gleich demjenigen Betrag, der nach Abzug der dem Kläger unbestritten vorhergehenden Forderungen von dem hinterlegten Geldbetrage zu seiner Befriedigung übrig bleibt. OLG. Kolmar in Rsp. 13, 66.

Testament (s. auch bei Erbe, Buchstabe l).

Klagt der Kläger auf Nichtigkeit eines Testaments, dann ist das Interesse maßgebend, das der Kläger an der von ihm beantragten Entscheidung hat.

Den Streitgegenstand bildet demnach derjenige Betrag, den der Kläger durch die Klage verlangt. Als solcher ist der Erbteil des Klägers anzusehen, der ihm nach der Klage zugewiesen werden soll. Ist eine Forderung in bestimmter Höhe nicht erhoben, so ist die Höhe dieses Erbteils gemäß § 3 RZPO. festzusetzen.

Die Angaben, die der Kläger in der Klageschrift machte, können nicht maßgebend sein: vielmehr muß der wirkliche Wert des Erbteils, den der Kläger beansprucht, ermittelt werden. RG. in JW. 1895, 537.

Unlauterer Wettbewerb.

Bei Klagen nach dem Gesetz gegen den unlauteren Wettbewerb vom 7. VI. 1909 (Unterlassung, Schadensersatz, Beseitigung usw.) errechnet sich der Streitwert regelmäßig aus § 3 RZPO.

Sind mehrere Ansprüche in einer Klage geltend gemacht, erfolgt gemäß § 5 RZPO. Zusammenrechnung.

Die Stützung eines oder mehrerer Ansprüche auf verschiedene Gesetze begründet weder eine Erhöhung des Streitwerts noch eine Zusammenrechnung.

Der Unterlassungsanspruch ist ein vermögensrechtlicher Anspruch. Der Streitgegenstand errechnet sich aus § 3 RZPO.

Für die Revisionsinstanz ist das Interesse des Revisionsklägers an der Aufhebung bzw. Erlassung des urteilsmäßigen Verbotes, das jedoch den Streitgegenstand nicht übersteigen kann, maßgebend. Anm. 5 A d zu § 1 Kahn u. Weiß, II. Auflage; siehe auch Entsch. d. RG. bei Pinner u. Eyck, Anm. B II h zu § 1.

Bei Klagen auf Verbot von Bekanntmachungen kommt nicht ausschließlich das Interesse des Klägers, sondern auch die dem Beklagten durch das Verbot erwachsene Beeinträchtigung seines Geschäftes in Betracht. RG. in JW. 99, 278.

In der Revisionsinstanz ist für die Revision des Beklagten sein in Geld anzuschlagendes Interesse an der Aufhebung des Verbots und der Untersagung von Inseraten, sowie an der Veröffentlichung des Urteils entscheidend. RG. in JW. 1905, 113.

Bei Klagen aus § 6 UnlWG. ist der Wert nach freiem Ermessen zu bestimmen.

In der Revisionsinstanz ist das Interesse des Beklagten als Revisionskläger an der Beseitigung des Verbots maßgebend.

Der Schaden, der durch den Vollzug des Urteils entsteht, bleibt unberücksichtigt. RG. in JW. 99, 311.

Einstweilige Verfügung nach § 25 des Gesetzes:

Der Wert des Streitgegenstandes bei der einstw. Verfügung ist keineswegs identisch mit dem Wert des Streitgegenstandes in der Hauptsache: vielmehr ist er wesentlich geringer wie der letztere.

Der Wert des Streitgegenstandes besteht bei der einstw. Verf. in dem Interesse des Klägers, daß der unlautere Wettbewerb bis zu der rechtskräftigen Entscheidung der Hauptsache aufhört. RG. v. 6. 6. 05; Kaufmann 6, S. 405 Nr. 3 zu § 3 d. Ges.; in Komm. zum UnlWG. von Dr. Fuld, III. Auflage.

Bei dem Antrag auf Aufhebung der einstw. Verfügung ist Streitwert das Interesse, welches Antragsteller an der Aufhebung derselben hat. Das Gericht hat gemäß § 3 RZPO. nach freiem Ermessen zu entscheiden. Anm. V 8 zu § 25 d. WettbewGes. Kahn-Weiß.

Das Verlangen des Klägers auf Bekanntmachung ist Nebenforderung. RG. 44, 361.

Unterhaltsklagen.

A. Streitwert. (Allgemeines.)

1. Bei Ansprüchen auf Erfüllung einer auf gesetzlicher Vorschrift beruhenden Unterhaltsverpflichtung (begründet durch Ehe oder Verwandtschaft, auch Ansprüche des unehelichen Kindes gegen den Vater): § 10 II des GKG.,
2. bei Ansprüchen auf Entrichtung einer Geldrente,
   a) nach §§ 843, 844 BGB.,
   b) nach §§ 3, 3a und 7 des Ges. betr. die Verbindlichkeit zum Schadensersatze für die bei dem Betriebe von Eisenbahnen, Bergwerken usw. herbeigeführten Tötungen und Körperverletzungen,
   c) nach §§ 10. 11, 13 des Ges. über den Verkehr mit Kraftfahrzeugen,
   d) nach §§ 21, 22, 24 des Luftverkehrsgesetzes: § 10, III des GKG.,
3. bei Ansprüchen auf Erfüllung der Unterhaltsverpflichtung unter Ehegatten für die Dauer des Rechtsstreits, welcher eine Ehesache betrifft, errechnet sich der Streitwert für die Gebühren des Gerichts und des Anwalts aus § 10, II, III oder IV des GKG.

Darnach ist der Streitwert:

zu 1: der einjährige Bezug der Rente,
zu 2: der fünfjährige Bezug der Rente,
zu 3: der halbjährige Bezug der Rente,
wenn nicht der Gesamtbezug der geforderten Leistungen geringer ist, bzw. im Falle 3 die Beendigung des Prozesses mit Sicherheit früher zu erwarten steht.

Zu diesem errechneten Werte sind noch die bis zum Tage der Klageerhebung aufgelaufenen Unterhaltsrückstände hinzuzurechnen.

Die unter 1 mit 3 genannten Ansprüche sind regelmäßig wiederkehrende Leistungen; für die sachliche Zuständigkeit, sowie für die Errechnung der Berufungs- und Revisionssumme gilt aber der § 9 RZPO. (im Falle 3 der § 3 RZPO.). (Siehe auch bei wiederkehrenden Leistungen und bei „Geldrente".)

Bei der Geltendmachung von Unterhaltsansprüchen errechnet sich der Streitwert auch dann aus der Summe der laufenden und der bis zur Klageerhebung rückständigen Beträge. wenn in dem Klageantrag keine Ausscheidung erfolgt ist. OLG. München in BayZ. 1933, 45;

OLG. Bamberg in BayZ. 1931, 163; OLG. Kiel in Rechtspfleger 1930, Heft 7; ebenso: RG. 77, 325.

Wegen der örtlich verschiedenen Streitwertberechnung empfiehlt es sich, stets in der Klage die Rückstände gesondert aufzuführen.

Bezugsrechte von denen gewiß ist, daß sie kürzer als 12½ Jahre dauern, sind nicht nach § 9 II RZPO. sondern nach § 3 RZPO. festzusetzen. (Es handelte sich um die Klage eines 89jährigen auf Monatsrente.) OLG. Frankfurt a. M. in JW. 1926, 70, 4; ähnlich LG. Fürth in JW. 1922, 1422, 10.

§ 3 RZPO. ist aber für anwendbar erklärt worden, wenn die einer Person zu gewährenden Leistungen erst nach einer Reihe von Jahren beginnen sollen. RG. 26, 409.

Der § 10 II und nicht IV des GKG. ist für Kostenberechnung maßgebend, wenn Unterhalt „bis zur Wiederherstellung des ehelichen Lebens" begehrt wird. RG. in JW. 1900, 180, 2.

Eine Veränderung in den Erwerbs- und Vermögensverhältnissen der Beteiligten und dadurch mögliche Wegfall der Bezüge ist auf die Berechnung des Streitwerts ohne Einfluß. RG. 44, 372.

B. Unterhaltsansprüche aus Verträgen, Testamenten usw.

Gründet sich der Anspruch des Klägers ausschließlich auf einen Vertrag oder eine letztwillige Verfügung, dann errechnet sich der Streitwert nicht aus § 10 GKG. sondern aus § 9 RZPO.

Es muß also der Vertrag oder die letztwillige Verfügung die Grundlage der Verpflichtung bilden.

Wenn aber der Vertrag lediglich die gesetzliche Unterhaltsverpflichtung anerkennt, also an Stelle der gesetzlichen Verpflichtung tritt, diese ganz oder teilweise regelt, erfolgt die Berechnung des Streitwerts aus § 10 II oder 10 III GKG.

Wird die Klage zugleich auf Gesetz und Vertrag gestützt, findet § 10 GKG. keine Anwendung (sondern § 9 RZPO.). KG. in JW. 1927, 855, 1 (siehe im übrigen unter Geldrente).

Wird in einem Testament an Stelle des Pflichtteils dem Erben eine Unterhaltspflicht des Pflichtteilsberechtigten auferlegt, errechnet sich der Streitwert aus § 10 GKG. OLG. Augsburg in BayZ. 1928, 211.

Klagt der Vater gegen seinen Sohn auf Bezahlung der Monatsmiete unter Stützung der Klage auf eine schriftliche Bestätigung des Beklagten und hilfsweise auf die Unterhaltspflicht des Beklagten, errechnet sich der Streitwert aus § 10 II GKG. OLG. Nürnberg in BayZ. 1930, 397.

Auch der aus einem Vertrag (Regelung der gesetzlichen Unterhaltspflicht unter geschiedenen Ehegatten) abgeleitete Anspruch geht auf Erfüllung einer „auf gesetzlicher Vorschrift beruhenden" Unterhaltsverpflichtung. Das Wesen einer „gesetzl. Unterhaltspflicht" wird durch Vertrag nicht geändert: es wird nur die Höhe der gesetzlichen Unterhaltspflicht näher geregelt.

Der Streitwert für die Kostenberechnung errechnet sich daher aus § 10 II GKG. OLG. Hamburg in JW. 1929, 881, 34.

Wegen Stützung der Klage auf Gesetz und Vertrag, — auf das Reichshaftpflichtgesetz und den Beförderungsvertrag — sowie wegen der Klage auf Aufwertung einer durch Unterhaltsvertrag festgesetzten Geldrente, siehe unter Geldrente.

C. Dritte als Kläger oder Beklagte.

Der Zweck der Bestimmung des § 10 GKG. erfordert, ihn in weitestem Sinne auszulegen.

Daß der Rechtsstreit nicht unmittelbar zwischen dem Unterhaltsberechtigten und Unterhaltsverpflichteten geführt wird, ist unerheblich, da dies nicht Voraussetzung des § 10 II GKG. ist. OLG. Königsberg in JW. 1929, 139, 47.

Wenn jemand gemäß § 23 I FürsPflichtverordnung von dem Fürsorgeverband durch Beschluß zur Erfüllung seiner Unterhaltspflicht angehalten und hiegegen nach § 23 II FPflVO. Klage erhoben hat, errechnet sich der Streitwert gleichfalls aus § 10 II GKG. OLG. Marienwerder in JW. 1931, 1391, 36; OLG. Königsberg in JW. 1929, 139, 47.

Bei Ansprüchen Dritter aus § 845 BGB. errechnet sich der Streitwert aber aus § 9 RZPO., welcher auch kostenrechtlich maßgebend ist. OLG. Stuttgart in JW. 1927, 868, 35.

Ist ein Anspruch gemäß § 844 BGB. kraft Gesetzes (§ 1542 RVO.) auf den Versicherungsträger übergegangen, dann errechnet sich der Streitwert nach dem fünffachen Jahresbetrag, weil durch diesen Übergang der Anspruch seine rechtliche Natur nicht geändert hat. Hiezu kommen die rückständigen Beträge bis zur Klageerhebung. OLG. Kiel in Rechtspfleger 1930, Heft 7.

Wird ein Bürge auf Zahlung von Unterhaltsansprüchen verklagt, welche auf gesetzlicher Vorschrift beruhen, ohne daß die Bürgschaft selbst streitig ist, erfolgt die Streitwertberechnung für die Gerichts- und Anwaltskosten nach § 10 II oder III GKG. OLG. Königsberg in JW. 1926, 2477, 12.

D. Streitwert bei schwankenden Beträgen.

Bei schwankenden Beträgen errechnet sich der Streitwert nach dem Durchschnittsbetrag der auf die gesamte streitige Zeit fallenden Rente. OLG. Kiel in Rechtspfleger 1931, Heft 2.

E. Übergang von der Feststellungs- zur Leistungsklage.

Wenn der Beklagte von der ursprünglich erhobenen Feststellungsklage im Laufe des Prozesses zur Leistungsklage auf Zahlung von Rente übergeht, so sind für die Wertbestimmung Rückstände bis zum gestellten Leistungsbegehren der Rente hinzuzurechnen. RG. 77, 324.

F. Streitwert bei Arresten und einstweiligen Verfügungen.

Im Arrestverfahren errechnet sich der Streitwert nach § 10 II oder III GKG. OLG. Köln in DRZ. 30, Nr. 587.

Bei einstweiligen Verfügungen errechnet sich der Streitwert regelmäßig nach § 3 RZPO.

Wenn Antragsteller Schadensersatzansprüche nach §§ 823, 843 BGB. geltend macht und verlangt, daß ihm bis zur Erlassung des Urteils in I. Instanz eine monatliche Rente zugebilligt werde, errechnet sich der Streitwert aus § 3 RZPO. Siehe KG. in JW. 1930, 195, 59.

Wegen der einstw. Verfügungen in Ehesachen: siehe unter Ehesachen.

G. Streitwert in der Beschwerdeinstanz.

Die zwischen der Klageerhebung und der Berufungseinlegung fällig gewordenen Beträge sind dem Streitwert der II. Instanz nicht hinzuzurechnen. OLG. Frankfurt a. M. in JW. 1932, 2909, 46; OLG. Köln in JW. 1928, 126, 16 und JW. 1934, 3149, 7; OLG. Hamm in JW. 1927, 1327, 17; OLG. Dresden in JW. 1929, 600, 11; OLG. Kassel in JW. 1931, 1389; RG. 114, 274; a. M. OLG. Kiel in JW. 1927, 1328, 19; OLG. Hamburg in JW. 1927, 1169, 12.

Siehe auch: Abänderungsklage, Vaterschaft, Geldrente.

Wegen Schadensersatzansprüche aus § 825 BGB.; Aufwertung einer durch Unterhaltsvertrag festgesetzten Geldrente; der Rente aus § 903 RVO.; der Ansprüche aus 845 BGB.; wegen Stützung der Klage auf Reichshaftpflichtgesetz und den Beförderungsvertrag; wegen einer auf Vertrag beruhenden Rentenverpflichtung; bei Stützung der Klage auf § 823 BGB. und auf die Behauptung eines vertraglichen Verschuldens; wegen des Unterhalts des verarmten Schenkers und wegen Schadensersatzansprüche aus § 826 BGB., siehe unter Geldrente.

Urkundsbeamter.

Ablehnung eines Urkundsbeamten: s. unter Ablehnung.

Vaterschaft (und Unterhalt).

1. Die Klage auf Feststellung der unehelichen Vaterschaft betrifft eine nichtvermögensrechtliche Streitigkeit. Der Streitwert beträgt demnach regelmäßig 2000 RM. § 11 I GKG.

   Die wirtschaftlichen und persönlichen Verhältnisse sind lediglich ein Gradmesser für die Herabsetzung oder Erhöhung des Streitwerts.

   LG. Bonn in JW. 1934, 502, 4 führt hiezu aus: Ist das Interesse des Klägers an der Feststellung der Vaterschaft verhältnismäßig gering, dann kann der Streitwert bis auf 500 RM. herabgesetzt werden. Ähnlich: OLG. Köln, 7. ZS. in Rechtspfleger 1934, S. 478.

2. Wenn mit der Klage auf Feststellung der Vaterschaft die Unterhaltsklage verbunden ist, ist zu prüfen, ob die Feststellung der unehelichen Vaterschaft einen selbständigen Gegenstandswert hat oder ob sie sich lediglich als eine Voraussetzung des Unterhaltsanspruchs darstellt.

Hat die Feststellungsklage selbständige Bedeutung, dann erfolgt die Festsetzung des Wertes des Streitgegenstandes nach § 11 II GKG. in Verbindung mit § 10 II GKG. (Ableitung eines vermögensrechtlichen Anspruches von einem nichtvermögensrechtlichen).

Darnach ist festzustellen:

a) der Wert des Streitgegenstandes für die Feststellungsklage, (= regelmäßig 2000 RM., mindestens aber 500 RM. und höchstens 1 Million Reichsmark. § 11 I GKG.);

b) der Wert des Streitgegenstandes für den Unterhaltsanspruch (12mal monatlicher Rentenbetrag. § 10 II GKG.).

Der sich auf Grund dieser Berechnung ergebende höhere Betrag ist Streitwert.

Hiezu kommen noch die bis zur Klageerhebung rückständigen Beträge, selbst wenn insoweit in dem Klageantrag keine Ausscheidung erfolgt ist.

Es empfiehlt sich aber mit Rücksicht auf die örtlich unterschiedliche Behandlung die Rückstände stets gesondert aufzuführen.

3. Hat die Feststellungsklage keine selbständige Bedeutung, dann errechnet sich der Streitwert wie unter 2 b angegeben ist. Hiezu kommen noch die Rückstände bis zum Tage der Klageerhebung.

4. Entscheidungen.

a) Die Feststellung der unehelichen Vaterschaft hat neben der Unterhaltspflicht keinen selbständigen Gegenstandswert. Es liegen zwar zwei getrennte Klageansprüche vor: in Wahrheit kann aber dem Antrag auf Feststellung der unehelichen Vaterschaft selbständige Bedeutung nicht beigemessen werden, da den Umständen nach praktisch aus der unehelichen Vaterschaft keine anderen Rechtsfolgen zu ziehen sind, als der mit dem Antrag auf Verurteilung zur Gewährung von Unterhalt verfolgte Unterhaltsanspruch OLG. Hamburg in JW. 1928, 1524, 29; ähnlich: JW. 1902, 63; JW. 1916, 975 u. Rsp. 33, 18.

Wenn sich die Feststellung der Vaterschaft lediglich als eine Voraussetzung für den Unterhaltsanspruch darstellt, bleibt der Festsetzungsanspruch außer Betracht. OLG. Augsburg in BayZ. 1927, 111.

b) Die beiden Ansprüche sind gesondert zu berechnen: maßgebend ist der höhere Streitwert. OLG. München in BayZ. 1932, 183.

Lautet der Klageantrag: „daß der Beklagte der Vater ist...“ so ist der Streitwert für die beiden Ansprüche je gesondert festzusetzen und für die Wertberechnung der höhere der beiden Ansprüche gem. § 11 II GKG. maßgebend. OLG. Nürnberg in BayZ. 1929, 197.

c) Bei der Geltendmachung von Unterhaltsansprüchen errechnet sich der Streitwert auch dann aus der Summe der laufenden und der bis zur Klageerhebung rückständigen Beträge, wenn in dem Klageantrag keine Ausscheidung erfolgt ist. OLG. München in BayZ. 1933, 45; OLG. Bamberg in BayZ. 1931, 163; OLG. Kiel in Rechtspfleger 1930, Heft 7.

d) Bei Einlegung der Berufung sind die zwischen Klageerhebung und Berufungseinlegung fällig gewordenen Beträge dem Streitwert der II. Instanz nicht hinzuzurechnen. OLG. Frankfurt a. M. in JW. 1932, 2909, 46; OLG. Köln in JW. 1928, 126 und JW. 1934, 3149, 7; OLG. Hamm in JW. 1927, 1327, 17; OLG. Dresden in JW. 1929, 600, 11; OLG. Kassel in JW. 1931, 1389; RG. 114, 274; a. M. OLG. Kiel in JW. 1927, 1328, 19, und OLG. Hamburg in JW. 1927, 1196, 12.

Wegen der Anfechtung des Anerkenntnisses der unehelichen Vaterschaft: siehe unter Anfechtung.

Verbindung.

§ 147 RZPO.

Das Gericht kann die Verbindung mehrerer bei ihm anhängiger Prozesse derselben oder verschiedenen Parteien zum Zwecke der gleichzeitigen Verhandlung und Entscheidung anordnen, welche den Gegenstand dieser Prozesse bilden, in rechtlichem Zusammenhang stehen oder in einer Klage hätten geltend gemacht werden können.

Für die Zeit vor der Verbindung errechnen sich die Gebühren des Gerichts und des Anwalts aus den Einzelstreitwerten, für die Zeit nach der Verbindung sind die Gebühren aus dem Gesamtstreitwert zu berechnen.

Der Verbindungsbeschluß wirkt auch, ohne daß er schriftlich fixiert oder in das Protokoll aufgenommen worden ist. OLG. Celle in JW. 1933, 550, 47.

Bei Verbindung in Ehesachen ist, da die verbundenen Ansprüche denselben Streitgegenstand betreffen, nach dem Grundsatz des § 13 GKG. ein einheitlicher Streitwert zugrunde zu legen, wobei es für die Bemessung des Streitgegenstandswertes nicht darauf ankommt, ob sich die Prozeßführung mehr oder weniger schwierig gestaltet. OLG. München in BayZ. 1925, 265.

Wegen der Verbindung mehrerer Ansprüche in einer Klage siehe bei: Zusammenrechnung verschiedener Klageansprüche.

Verein.

Streit über die Mitgliedschaft zu einem eingetragenen Verein im Sinne des § 21 BGB.: s. bei Anfechtungsklagen, Nr. III h.

Vergleich.

Die Vergleichsgebühr des Rechtsanwalts errechnet sich nach dem Werte derjenigen Ansprüche, die, auch über den eigentlichen Prozeßstreitgegenstand hinaus, Gegenstand des Vergleichs sind. KG. in JW. 1932, 670, 17.

Für den Erstattungsanspruch des Rechtsanwalts der Staatskasse gegenüber ist aber der Streitwert der Armenrechtsbewilligung maßgebend. KG. in JW. 1933, 2018, 10 und JW. 1931, 93, 2.

Vergleichen sich die Parteien nach Erledigung der Hauptsache über die Kosten des Rechtsstreits, so ist der Gegenstandswert des Vergleichs gleich der Summe der bis zur Erledigung der Hauptsache entstandenen gerichtlichen und außergerichtlichen Kosten: daß den Parteien das Armenrecht bewilligt ist und sie tatsächlich keine Kosten aufgewendet haben, bleibt außer Betracht. OLG. Stettin in JW. 1932, 674, 28.

Wird nach einem Teilanerkenntnisurteil ein Vergleich geschlossen, in welchem auch für den bereits durch Teilurteil erledigten Teil des Klageanspruches Ratenzahlungen vereinbart werden, dann ist der Streitwert bezüglich des Vergleichs unter Einschluß des Teilanspruchs nach dem Gesamtklageanspruch zu bemessen. KG. in JW. 1932, 1162, 22; a. M. OLG. Hamburg in Rsp. 19, 243.

Vergleich in Ehesachen:

Praktisch kommt hier nur ein Vergleich über die Kostenpflicht in Frage. Wird demnach ein Vergleich über Zurücknahme der Klage und Widerklage und über die Kostenpflicht geschlossen, dann ist nach OLG. Dresden in JW. 1931, 2046, 23 die Höhe der Kosten für den Vergleich Streitwert.

OLG. Breslau in JW. 1931, 1833, 22 hat dem Armenanwalt allerdings eine ganze Gebühr in Höhe von 25 RM. zugebilligt.

Wird in der allein anhängigen einstweiligen Verfügung auch die Hauptsache mitverglichen, so bestimmt sich der Streitwert für den Vergleich nach der Hauptsache. OLG. Augsburg in BayZ. 1929, 180.

Vergleichsgebühr bei gleichzeitiger Erledigung mehrerer, nicht miteinander verbundener Prozesse durch einen Vergleich.

Dem Anwalt steht nur eine Vergleichsgebühr nach dem zusammengerechneten Werte der dabei in Frage kommenden Einzelprozesse zu. Die Einheitlichkeit des Aktes des Vergleichsabschlusses schafft ohne weiteres eine innere Einheit der gebührenpflichtigen Tätigkeit, die den Ansatz mehrerer Vergleichsgebühren von vorneherein ausschließt. Daran kann hier auch dadurch nichts geändert werden, daß auf seiten der Klägerin zwei Rechtsanwälte tätig waren, so daß auch auf seiten des 2. Anwalts eine Vergleichsgebühr erfallen ist. OLG. Köln, 7. ZS. in Rechtspfleger 1934, S. 482.

Vergleichsgebühr, wenn der Vergleich unter Vorbehalt des Widerrufs geschlossen worden ist.

Voraussetzung des Anfalles der Gebühr ist, daß der Rechtsstreit durch den Vergleich auch tatsächlich beigelegt wird. Wird der Vergleich widerrufen, dann ist für den Anfall der Vergleichsgebühr kein Raum.

Siehe auch Entsch. d. OLG. Breslau in Rechtspfleger 1934, S. 480. und OLG. Dresden, 13. ZS. in Rechtspfleger wie oben.

Das Kammergericht, welches bisher die Vergleichsgebühr auch bei einem etwaigen Widerruf zuerkannte, hat diesen Standpunkt aufgegeben. KG., 20. ZS. Beschl. v. 13. 1. 34 in JW. 1934, 305, 1 und KG., 21. ZS. Beschl. v. 15. 6. 1934 in JW. 1934, 2346, 4, auch in Rechtspfleger 1934, Seite 480.

Anderer Meinung ist das OLG. Kiel (in Rechtspfleger 1934, S. 479).

Es führt in dem Beschluß vom 20. 6. 1934 aus:

Es kommt nur darauf an, ob ein Vergleich zustande gekommen ist. Das muß bei dem unter Vorbehalt des Widerrufs geschlossenen Vergleich im Gegensatz zu dem nur aufschiebend bedingten Vergleich bejaht werden. Denn der Vergleich bleibt bestehen, wenn von dem Vorbehalt des Widerrufs kein Gebrauch gemacht wird. Es bedarf also einer neuen Tätigkeit der Parteien, um den Vergleich wieder zu Fall zu bringen. Ebenso: OLG. Naumburg in JW. 1934, 778.

Die Vergleichsgebühr wird auch bei auflösend bedingten Vergleichen zugebilligt, selbst wenn der Vergleich durch Nichterfüllung hinfällig wird, von: OLG. München, 3. ZS. Beschl. v. 16. 10. 34 in BayZ. 1934, 358 und OLG. Breslau, 10. ZS. Beschl. v. 26. 1. 33 in HRR. 1933, Nr. 890 und die dort angegebene Literatur.

Vermieterpfandrecht.

Bei der Klage des Vermieters (§ 805 RZPO.) gegen einen Pfandgläubiger auf vorzugsweise Befriedigung aus dem Versteigerungserlös ist dreierlei zu unterscheiden:

a) die Hauptforderung des Klägers (Vermieters), bezüglich der er die vorzugsweise Befriedigung begehrt, aber ohne Nebenforderungen im Sinne des § 4 RZPO.;

b) die Hauptforderung des Beklagten (Pfandgläubiger) wegen der er ein Pfändungspfandrecht erworben hat, aber ohne Nebenforderungen und ohne den Kosten des Prozesses, in dem er den Titel erworben hat;

c) der gemeine Verkehrswert der gepfändeten Sachen (nicht Schätzungswert, welcher vom Gerichtsvollzieher im Pfändungsprotokoll angenommen worden ist).

Von den sonach ermittelten Beträgen ist der Geringste der Wert des Streitgegenstandes.

Das OLG. München, Beschl. v. 31. 10. 33, BayZ. 1933, 383 hat entschieden, daß der Streitwert sich aus § 3 RZPO. errechnet, wobei dem Werte des Pfandes die ausschlaggebende Bedeutung zukommt.

Sind die Forderungen des Vermieters und die des Pfandgläubigers höher als die Pfandobjekte, dann ist der gemeine Verkehrswert dieses maßgebend.

Wird über die vorzugsweise Befriedigung aus dem Erlös gepfändeter Sachen gestritten, so ist nur der Betrag der kleineren Forderung der beiden, aber ohne Zinsen, Streitgegenstand, falls nicht der Erlös des Pfandstückes noch geringer ist. RG. 18, 372.

Nach der Versteigerung tritt an die Stelle des gemeinen Verkehrswertes der Pfandobjekte der Erlös. OLG. München in BayZ. 1933, 383.

Wenn durch einstweilige Verfügung dem Mieter die Entfernung der dem Vermieterpfandrecht unterliegenden Sachen verboten wird, dann ist für den Streitwert maßgebend:

die Höhe der Forderung; haben aber die Sachen einen geringeren Wert, dann ist dieser maßgebend.

Vermögensrechtliche Ansprüche (siehe auch nichtvermögensrechtliche Ansprüche).

Nach RG. 88, 333 sind vermögensrechtliche Ansprüche solche, die

a) entweder aus einem vermögensrechtlichen Verhältnis abgeleitet werden oder

b) zwar auf nichtvermögensrechtlicher Grundlage beruhen, aber ein Verlangen darstellen, dessen Gegenstand einen vermögensrechtlichen Wert besitzt.

Aber nicht bloß bei der Streitwertberechnung wird zwischen vermögensrechtlichen und nichtvermögensrechtlichen Ansprüchen unterschieden: die Unterscheidung ist auch bei der Prüfung der sachlichen Zuständigkeit der Gerichte von Bedeutung.

Darum sind vermögensrechtliche Ansprüche u. a.:

Die Klage auf Aufhebung des Ausschlusses aus einer Genossenschaft,

die Klage des Aktionärs auf Feststellung der Nichtigkeit eines Generalversammlungsbeschlusses,

die Klage auf Ausschluß eines Gesellschafters aus einer Gesellschaft,

die Klage auf Auskunfterteilung, sowie

der Anspruch auf Benutzung einer bestimmten, käuflich erworbenen Grabstätte, RG. in JW. 1890, 150, ferner der Streit über die Pflicht zur Duldung und Unterhaltung von Gräbern, RG. IV. ZS. Beschl. v. 22. 10. 34, IV. 155/34 in Rechtspfleger 1934 S. 638.

die Klage auf Unterlassung der unbefugten Firmenführung, RG. in JW. 02, 652, 6,

sämtlichen Klagen nach dem Ges. über den unlauteren Wettbewerb,

die Feststellung der unehelichen Vaterschaft (Anschauung verschieden),

die Anfechtung des Anerkenntnisses der unehelichen Vaterschaft, (Anschauungen verschieden),

die Klage auf Zugehörigkeit des Klägers zu einem Aufsichtsrat, HRR. 1928, 1728,

wegen der übrigen Entscheidungen siehe bei dem zutreffenden Schlagwort.

Versicherung.

Bei einer Feststellungsklage wegen Gewährung von Versicherungsschutz für einen bestimmten Versicherungsfall wird der gemäß § 3 RZPO. nach freiem richterlichen Ermessen festzusetzende Wert des Streitgegenstandes durch den Inhalt des Schutzes in dem gegebenen Versicherungsfall bestimmt. RG. 141, 313.

Bei der Klage auf Herausgabe einer Lebensversicherungspolice ist der Rückkaufswert derselben Streitwert. RG. 28, 183.

Bei der Klage auf Feststellung, daß eine an den Grundstückeigentümer zur Auszahlung gelangende Versicherungssumme für Brandschaden dem Pfandrecht des Hypothekgläubigers unterworfen ist, ist Streitwert der Betrag der Sicherungshypothek, ohne Rücksicht auf Rang und Valutierung, falls die Brandversicherungssumme höher ist als die Hypothek. OLG. Kiel in Rechtspfleger 1934, Heft 1.

Bei der Feststellungsklage auf Bestehen einer Lebensversicherung (Risikoversicherung auf den Todesfall ohne Gewinnbeteiligung) ist nach § 9 GKG. das Interesse des Klägers an der Versicherung maßgebend (Rittmann-Wenz, GKG. 15. Aufl., Zusatz zu § 9, Anm. 3; Friedlaender, GKG. Anm. 230 zu §§ 9—15; OLG. Köln, JW. 1920, S. 58).

Dieses Interesse ist nicht gleich der Versicherungssumme, da auf sie zur Zeit kein Leistungsanspruch besteht, dieser vielmehr durch den Eintritt des Versicherungsfalles bedingt ist. Bei bedingten Ansprüchen ist der Streitwert unter Berücksichtigung der Wahrscheinlichkeit des Eintritts der Bedingung zu schätzen. RG. in JW. 1896, S. 187. Wenn auch der Versicherungsnehmer im Hinblick auf die vereinbarte Selbstmordklausel jederzeit den Eintritt des Versicherungsfalls durch Begehung eines Selbstmordes herbeiführen kann, so erreicht doch damit die Wahrscheinlichkeit des Eintritts der Bedingung nicht einen so hohen Grad, daß sie dem wirklichen Eintritt des Versicherungsfalls gleichgesetzt werden könnte, da im allgemeinen die Hemmungen vor dem Selbstmord stärker sein werden, als der Wille, durch ihn den Erben einen wirtschaftlichen Vorteil zu verschaffen. Der Umstand, daß der Kläger mit der Begehung eines Selbstmords gedroht hat, ist als ein die Wahrscheinlichkeit erhöhendes, aber sie nicht der Wirklichkeit gleichsetzendes Moment zu bewerten. Das Feststellungsinteresse des Klägers war daher unter Berücksichtigung der gesamten Sachlage auf 25% der Versicherungssumme zu schätzen. OLG. Karlsruhe, 4. ZS., Beschl. v. 19. 3. 34, DRZ. 1934, S. 270, Nr. 269.

Versteigerungserlös.

Bei der Klage auf Einwilligung in die Auszahlung eines Versteigerungserlöses „bis zur Höhe" der Forderung ist Streitwert nur der Betrag des Versteigerungserlöses, wenn dieser geringer ist als die Forderung. OLG. Breslau in JW. 1931, 2143, 12.

Vollstreckungsgegenklage.

Die Vollstreckungsgegenklage ist ein selbständiger Prozeß, welcher die Zwangsvollstreckung betrifft: er hat die ganze oder teilweise oder zeitliche Unzulässigkeit der Vollstreckung aus dem Titel zum Ziel.

a) Wird die Unzulässigkeit der Zwangsvollstreckung aus dem Titel überhaupt begehrt, dann ist als Streitwert der Wert maßgebend, den der Vorprozeß hatte, in welchem der Schuldtitel erlangt wurde. RG. 10, 393 und RG. in JW. 1910, 114.

b) Wird die Unzulässigkeit der Zwangsvollstreckung nur wegen eines Teiles begehrt, dann ist dieser Teil der Streitwert.

c) Ist die Klage darauf gerichtet, daß die Vollstreckung mangels Fälligkeit der Forderung nur für bestimmte Zeit für unzulässig erklärt wird, so ist der Streitgegenstand nach § 3 RZPO. festzusetzen.

In einem solchen Falle ist nicht die volle Summe des zur Vollstreckung stehenden Anspruches der Wert des Streitgegenstandes, sondern das Interesse, das der Kläger daran hat, daß er die ihm obliegende Zahlung nicht sofort, sondern erst in einem späteren Zeitpunkt leistet. KG. in JW. 1933, 2344, 4.

Das OLG. München in BayZ. 1932, 212 stellt die Vollstreckungsgegenklage für die Streitwertberechnung mit der negativen Feststellungsklage auf eine Stufe, und sagt: Wird mit der Klage nur die derzeitige Unzulässigkeit der Zwangsvollstreckung auf Grund des behaupteten Stundungseinwandes geltend gemacht und die Erklärung der derzeitigen Unzulässigkeit der Zwangsvollstreckung erstrebt, errechnet sich der Streitwert gemäß § 3 RZPO. nach dem Interesse des Klägers an der behaupteten Stundung.

OLG. Köln in JW. 1928, 126, 15 hält die Zwangsvollstreckungsklage auch für zulässig, wenn die Frist des § 107 II RZPO. (anderweitige Festsetzung der Kosten wegen Änderung des Streitwerts) versäumt ist.

Nebenforderungen:

Früchte, Nutzungen, Zinsen und Kosten sind Nebenforderungen und werden bei der Berechnung des Streitwerts nicht berücksichtigt. RG. 10, 393 u. RG. 28, 429, ferner JW. 1902, 358, 2.

Betrifft aber die Klage nur die Nebenforderungen, dann sind selbstverständlich diese Streitwert.

Bei einer Klage aus § 768 RZPO. entscheidet gemäß § 3 RZPO. das freie Ermessen.

Vorkaufsrecht.

Der Streitwert errechnet sich regelmäßig nach dem Interesse des Klägers gemäß § 3 RZPO.

Wird die Übertragung des Eigentums an einem Grundstück verlangt, dann ist der Wert des Grundstücks maßgebend. RG. in JW. 1902, 181, 3.

Übt der Miterbe gemäß § 2023 BGB. das Vorkaufsrecht aus, dann bestimmt sich der Streitwert aus § 6 RZPO. nach dem Werte des verkauften Erbteils. OLG. Zweibrücken in BayZ. 1931, 299.

Vorrangseinräumung.

Wenn die Parteien lediglich über den Vorrang streiten, also welche von ihnen bis zum Werte des Grundstücks vor der anderen Partei zur Befriedigung aus dem etwaigen Erlös des Grundstücks gelangen soll, hat die Rechtsprechung einheitlich in solchen Fällen eine unmittelbare Anwendung des § 6 RZPO. abgelehnt. S. Walther-Joachim-Friedlaender, RAGO. § 10, Anm. 129, RGZ. 4, 366. In solchen Fällen ist das Interesse des Klägers maßgebend und der Wert des Streitgegenstandes nach freiem Ermessen festzusetzen.

Einer Entscheidung des OLG. Kiel (JW. 1933, 2471, 7) liegt folgender Tatbestand zugrunde: Auf dem Grundstück steht an 1. Stelle eine Aufw.-Hypothek des Beklagten über 7994 RM., an 2. Stelle eine Grundschuld über 30000 RM. für Kläger eingetragen. Die Kläger behaupten, daß die Hypothek des Beklagten zu Unrecht mit dem Vorrang vor der Hypothek der Kläger eingetragen sei und haben beantragt, den Beklagten zu verurteilen, der Berichtigung des Grundstücks zuzustimmen, daß der Grundschuld der Kläger der Vorrang vor der Hypothek des Beklagten zustehe. Das OLG. hat mit Rücksicht darauf, daß die Kläger selbst das Grundstück als mit 30000 RM. beleihungsfähig erachtet haben, den gefährdeten Teil der Hypothek der Kläger frei auf 4000 RM. geschätzt und damit auch das Interesse der Kläger und den Wert des Streitgegenstandes auf denselben Betrag angenommen.

Vorrecht einer zum Konkurs angemeldeten Forderung.

Wenn eine Forderung zum Konkurs angemeldet ist, aber Streit über das Vorrecht besteht, ist der Streitwert die Differenz, die auf die Forderung des Klägers entfällt, wenn ihm das beanspruchte Vorrecht zusteht und derjenigen, die auf ihn entfallen würde, wenn er das Vorrecht nicht beansprucht hätte. Hierbei ist unerheblich, daß noch andere Gläubiger vorhanden sind, die nach einer dem Kläger günstigen Entscheidung möglicherweise dasselbe Vorrecht beanspruchen könnten. RG. VII. ZS. in Rechtspfleger 1934, Heft 1.

Wahlklage: siehe Alternativklage.

Wandelung.

Bei der Klage auf Wandelung ist grundsätzlich das Interesse des Klägers an dieser maßgebend.

Dieses Interesse ist nach § 3 RZPO. frei zu schätzen.

Ist der Vertrag teilweise erfüllt und verlangt der Kläger mit der Wandelung die Rückzahlung des bisher Geleisteten, dann ist Streitwert die Höhe der begehrten Rückzahlung, wozu noch das frei zu schätzende Interesse des Klägers an der Nichtigkeit des Vertrages kommt.

Ist der Vertrag noch nicht erfüllt, dann erfolgt Schätzung nach § 3 RZPO., wobei die beiderseitigen vertraglichen Leistungen zu berücksichtigen sind.

Siehe auch unter: Futterkosten.

Klage auf Einwilligung in eine Grundstückswandelung: Der Wert des Anspruchs auf Abgabe der Erklärung, in die Wandelung zu willigen, richtet sich nach dem Interesse, das der Kläger mit diesem Anspruch verfolgt. Dieses Interesse ist nicht gleich dem Werte des Grundstücks, dessen Rücknahme der Kläger erreichen will, sondern ist gleich dem Interesse, an der Wiederaufhebung des Vertrages in der Weise, daß die Vorteile und Nachteile, die der Kläger bei der Aufhebung oder bei dem Bestehenbleiben des Vertrages hätte, abzuwägen sind. Das Interesse des Klägers erschöpft sich hier in dem Anspruch auf Rückzahlung des Kaufpreises und der Befreiung von den laufenden Lasten, die ihm obgelegen hätten, wenn er das Grundstück behalten müßte, abgewogen gegen die mit dem Besitze des Grundstücks verbundenen Vorteile. OLG. Kiel in DRZ. 1933, S. 207, Nr. 236.

Wechsel.

Wird auf Grund eines Wechsels im Wechselprozeß geklagt, dann errechnet sich der Streitwert aus § 4 RZPO., wonach Zinsen, Kosten und Provision Nebenforderungen sind.

Wird aber der zivilrechtliche Bürge einer Wechselschuld in Anspruch genommen, dann sind die Nebenforderungen dem Hauptanspruch hinzuzurechnen. KG. in Rsp. 21, 63.

Wird auf Herausgabe von Wechseln infolge Auflösung des Kaufvertrages geklagt, dann kann das Interesse des Klägers nur daran bestehen, durch Wiedererlangung der Wechsel einem etwaigen Mißbrauch durch Beklagten vorzubeugen. Nach Sachlage kann dieses Interesse nicht dem Gesamtbetrage der Wechsel gleichgeachtet werden und muß erheblich niedriger bewertet werden. OLG. Nürnberg in BayZ. 1929, 30.

Wird die Herausgabe von Wechseln verlangt, weil sie dem Beklagten zur Einziehung der Forderung übergeben worden sind, dann errechnet sich der Streitwert aus § 3 RZPO. Maßgebend ist das Interesse, welches Kläger an der Herausgabe der Wechsel hat. OLG. Kiel in Rechtspfleger 1932, Heft 9.

Wertpapiere, welche Kurswert haben.

Siehe hiewegen die Ausführungen unter „Aktien".

Widerklage.

§ 5 RZPO.:

Mehrere in einer Klage geltend gemachte Ansprüche werden zusammengerechnet; eine Zusammenrechnung des Gegenstandes der Klage und der Widerklage findet nicht statt.

§ 13 GKG.:

I. Soweit Klage und Widerklage, welche nicht in getrennten Prozessen verhandelt werden, denselben Streitgegenstand betreffen, sind die Gebühren nach dem einfachen Werte dieses Gegenstandes zu berechnen. Soweit beide Klagen nicht denselben Streitgegenstand betreffen, sind die Gegenstände zusammenzurechnen.

II. Das gleiche gilt für wechselseitig eingelegte Rechtsmittel, welche nicht in getrennten Prozessen verhandelt werden.

a) Bedeutung der erhobenen Widerklage für die sachliche Zuständigkeit.

Der Wert des Streitgegenstandes der Widerklage wird dem Gegenstandswert der Klage zwecks Feststellung der sachlichen Zuständigkeit nicht hinzugerechnet; vielmehr ist jeder der in Klage und Widerklage erhobenen Ansprüche insoweit selbständig zu berechnen. Ist demnach vor dem Amtsgericht mit der Widerklage ein Anspruch erhoben, welcher zur Zuständigkeit des Landgerichts gehört, dann hat das Gericht auf Antrag die Sache an das Landgericht zu verweisen. § 506 RZPO.

Mehrere in einer Widerklage erhobenen Ansprüche werden zusammengerechnet.

Eine bedingte Widerklage ist unzulässig.

Die Erhebung einer Widerklage bedingt nicht, daß sie ausdrücklich als solche bezeichnet wird: Voraussetzung ist nur, daß das Rechtsschutzbegehren in der dem Gericht und dem Gegner deutlich erkennbaren und getätigten Absicht gestellt wurde, eine Widerklage anzustrengen (siehe RG. 124, 182, auch in JW. 1929, 2151, 14).

b) Kostenrechtliche Bedeutung der Widerklage.

Eine Widerklage bleibt für die Bemessung des Streitwerts außer Betracht, wenn die Bejahung der Klage ohne weiteres die Verneinung der Widerklage nach sich zieht.

Ob die Widerklage in zulässiger Weise erhoben ist, ist kostenrechtlich ohne Bedeutung.

Betreffen jedoch Klage und Widerklage nicht denselben Streitgegenstand, dann ist der Wert der Widerklage dem der Klage hinzuzurechnen, in der Voraussetzung, daß Klage und Widerklage gemeinsam verhandelt werden.

Werden sie jedoch getrennt verhandelt (§ 145 II RZPO.), was insbesondere dann der Fall ist, wenn der rechtliche Zusammenhang mangelt, dann errechnen sich die Gebühren des Gerichts und des Anwalts nach dem einfachen Wert der Klage oder der Widerklage.

Für die Berechnung des Wertes der Widerklage ist maßgebend der Zeitpunkt der Erhebung (siehe aber auch § 9 II GKG.).

Es erfolgt demnach keine Zusammenrechnung:

a) bei Erhebung einer Widerklage in Ehesachen.

Klage und Widerklage betreffen in jedem Fall das gleiche eheliche Verhältnis, dessen Regelung durch Klage oder Widerklage (Berufung oder Anschlußberufung) bezweckt wird. OLG. Darmstadt in JW. 1933, 2661, 6,

b) wenn die Klage auf Vertragserfüllung, die Widerklage auf Nichtbestehen des Vertragsverhältnisses lautet;
c) bei Anträgen nach § 717 II RZPO. siehe bei: Prozeßanträge;
d) bei der Klage auf Erfüllung eines Vertrags und Widerklage auf Wandelung (Voraussetzung ist, daß Beklagter auch nicht teilweise erfüllt hat);
e) bei der Klage auf Zahlung und der Widerklage auf Herausgabe des Schuldscheins;
f) bei der Klage auf Bezahlung und der Widerklage, soweit diese bezweckt, die Klageforderung ganz oder teilweise zum Erlöschen zu bringen;
g) überhaupt in allen Fällen, wo die Widerklage die Klage ausschließt.

Bei den Beispielen b mit e erfolgt deswegen keine Zusammenrechnung, weil die Bejahung der Klage ohne weiteres die Verneinung der Widerklage nach sich zieht, im Falle f aber lediglich die Gegenforderung zwecks Aufrechnung geltend gemacht wird.

Zusammenrechnung erfolgt, wenn

a) Klage und Widerklage gleichzeitig verhandelt werden und
b) beide nicht denselben Streitgegenstand betreffen,

demnach:

a) bei der Klage auf Zahlung und der Widerklage auf Zahlung, wenn Beklagter gleichzeitig den Antrag auf Abweisung der Klage stellt,
b) bei der Klage auf Löschung einer eingetragenen Zwangshypothek, weil die prozeßrechtlichen Voraussetzungen für den Beginn der Zwangsvollstreckung gemangelt haben und der Widerklage auf Zahlung der der Hypothek zugrundeliegenden Forderung, JW. 1929, 2001, 10,
c) bei der Klage auf Aufhebung eines Vertrags und Rückzahlung der geleisteten Anzahlung und der Widerklage auf Erfüllung, soweit noch nicht erfüllt.

Bei wechselseitig eingelegten Rechtsmitteln erfolgt nach den gleichen Grundsätzen Zusammenrechnung, wenn sie gleichzeitig zur Verhandlung stehen.

Wenn Kläger nur gegen den Beklagten B Berufung eingelegt und der Beklagte C aber gegen den Kläger A Berufung einlegt, fehlt wegen des Mangels der Wechselseitigkeit der Berufungen die Möglichkeit, den Streitwert nach dem einfachen Wert des Streitgegenstandes zu berechnen. Deshalb ist der Streitwert für jedes Rechtsmittel gesondert zu berechnen. OLG. Kiel in JW. 1932, 2910, 47.

Widerspruch:

a) gegen den Teilungsplan.

Maßgebend ist das Interesse des Klägers, mit seiner Forderung vor dem Beklagten in die hinterlegte Summe angewiesen zu werden. OLG. Kolmar in Rsp. 13, 66.

Begehrt der widersprechende Kläger gleichfalls die aufgelaufenen Zinsen aus dem hinterlegten Erlös, dann sind diese Zinsen als Hauptforderung zu berücksichtigen.

b) gegen die Löschung einer Sicherungshypothek.

Begehrt der Kläger die Löschung eines Widerspruchs gegen die Löschung einer Sicherungshypothek, dann ist der Wert des Streitgegenstandes gleich dem der Hypothek. OLG. Hamburg in Rsp. 17, 76 in Willenbücher, Anm. 10 zu § 10 RAGO.

Widerspruchsklage.

Bei Widerspruchsklagen ist von dem Grundsatz auszugehen, daß für die Bemessung des Streitwerts das Interesse des Klägers maßgebend ist. § 6 RZPO. bestimmt, daß beim Streit um das Bestehen des Pfandrechts der Betrag der Forderung maßgebend ist, wenn er geringer ist als der Wert des Pfandgegenstandes, der Wert des letzteren aber, wenn der Betrag der Forderung höher ist, als er. Denn das Interesse des Klägers muß immer am Wert des Pfandgegenstandes, dessen Pfandfreiheit der Kläger erstrebt, seine obere Grenze haben. OLG. Hamm in JW. 1933, 539, 19.

Die Streitwertberechnung erfolgt demnach aus § 6 RZPO., da die Befreiung der Pfandsache vom Pfändungspfandrecht im Wege der Widerspruchsklage den Gegenstand des Streites bildet. Der Streitwert hängt also grundsätzlich ab vom Nennbetrag der vollstreckten Forderung.

Zinsen und Kosten, für die mitgepfändet worden ist, kommen nicht in Betracht. OLG. Naumburg in SeuffA. 85, 155. Ebenso: RG. 10, 393 und RG. 28, 249, JW. 1932, 2901, 18, OLG. Nürnberg in BayZ. 1931, 46; OLG. Kiel in JW. 1932, 2901, 18; ferner: JW. 1899, 423, 2 und 1902, 358, 2.

Die Streitsumme wird nach den §§ 4 und 6 RZPO. durch die Höhe der pfandgesicherten Forderung ohne Zinsen und Kosten begrenzt.

Die Beschwerdesumme kann die Streitsumme niemals übersteigen. RG. in JW. 1934, 1174, 8.

Entgegen der fast allgemeinen Rechtsprechung werden Zinsen und Kosten zum Hauptanspruch gerechnet von: OLG. Zweibrücken in BayZ. 1933, 384; LG. Altona in JW. 1933, 2230, 1; OLG. Hamm in JW. 1930, 1517, 18.

Wenn die gepfändeten Gegenstände einen geringeren Wert haben, ist dieser maßgebend. OLG. Naumburg in SeuffA. 85, 155; OLG. Hamm in JW. 1933, 539, 19.

Der wirtschaftliche Wert der Forderung ist für die Bemessung des Streitwerts (abgesehen im Konkursverfahren) belanglos.

Es entscheidet vielmehr ausschließlich der Nennbetrag der Forderung. OLG. Kiel, Beschl. v. 20. 9. 1930, 3 W 168, 30 in Rechtspfleger 1931, Heft 1.

Der von dem Gerichtsvollzieher im Pfändungsprotokoll angegebene Schätzungswert der Pfandsachen ist nicht maßgebend. Vielmehr kommt nur der allgemeine Tausch- und Verkehrswert in Betracht. OLG. Dresden in JW. 1932, 2894, 8; OLG. Breslau in JW. 1933, 1781, 3.

KG. in JW. 1932, 1155, 3 erklärt hiezu: Der Wert des Gegenstandes des Pfandrechts ist nach § 3 RZPO. zu bestimmen. Maßgebend ist nicht der voraussichtliche Erlös der Pfandsachen, sondern der gewöhnliche Verkaufswert zur Zeit der Erhebung der Klage und unabhängig von der für die Verwertung der Sachen im Wege der öffentlichen Versteigerung zeitweilig bestehenden Marktlage.

Bei der unzulässigen Verbindung mehrerer Widerspruchsklagen ist der Streitwert so festzusetzen, als wenn getrennt geklagt worden wäre. OLG. Kiel in Rechtspfleger 1932, S. 128.

Miteigentum: Erhebt der Intervenient die Widerspruchsklage wegen seines Anspruchs auf Miteigentum, dann ist sein Anteilswert Streitgegenstand, wenn nicht die Forderung, wegen der gepfändet worden ist, niedriger ist. JW. 1897, 106.

Wegen Einstellung der Zwangsvollstreckung nach § 771 III RZPO. siehe unter Einstellung; wegen der Klagen nach § 805 RZPO. siehe unter Vermieterpfandrecht und unter Pfandrecht.

Beispiele:

a) Für einen Gläubiger wird wegen einer Forderung von 300 RM. und 65 RM. Nebenforderungen ein Pfandgegenstand im Schätzungswerte von 420 RM. gepfändet.

Der Intervenient klagt auf Freigabe.

Streitwert ist: 300 RM.: die Nebenforderungen bleiben bei der Berechnung unberücksichtigt.

b) Für einen Gläubiger werden wegen einer Forderung in Höhe von 700 RM. und 210 RM. Nebenforderungen mehrere Pfandgegenstände im Schätzungswerte von 300 RM. und 180 RM. und 210 RM. gepfändet.

Der Intervenient klagt auf Freigabe des Pfandgegenstandes im Schätzungswerte von 180 RM.

Streitwert ist: 180 RM.

c) Für mehrere Gläubiger wird wegen 300 RM. und 700 RM. ein Pfandgegenstand im Schätzungswerte von 900 RM. gepfändet.

Streitwert der Widerspruchsklage: 900 RM.

Wären die Forderungen der Pfandgläubiger 100 und 600 RM., dann wäre Streitwert: 700 RM.

Wären im Widerspruchsprozeß die beiden Pfandgläubiger

durch verschiedene Anwälte vertreten, dann wäre für diese der Streitwert: 300 RM. bzw. 700 RM., oder 100 RM. bzw. 600 RM.

d) Für mehrere Gläubiger werden wegen 300 RM. und 700 RM. mehrere Pfandgegenstände im Schätzungswerte von 200 RM. und 400 RM. gepfändet.

Wird durch die Widerspruchsklage die Freigabe nur eines Gegenstandes verlangt, dann ist Streitwert 200 RM. oder 400 RM.; wird aber die Freigabe der beiden Pfandgegenstände begehrt, dann ist der Streitwert 600 RM.

e) Für mehrere Gläubiger (A und B) werden wegen verschiedener Forderungen (A: 500 RM., B: 600 RM.) verschiedene Gegenstände (für A im Schätzungswerte von 600 RM., für B im Schätzungswerte von 400 RM.) gepfändet.

Begehrt nun der Intervenient die Freigabe der Pfandsache im Schätzungswerte von 600 RM., dann ist der Streitwert 500 RM., im anderen Falle wäre der Streitwert 400 RM. Würde aber der Intervenient die Freigabe der beiden Pfandgegenstände verlangen, dann muß der Streitwert für das Pfandrecht eines jeden Gläubigers gemäß § 6 RZPO. ermittelt werden.

Demnach ist der Streitwert in der Richtung gegen A: 500 RM., in der Richtung gegen B: 400 RM.

Diese beiden ermittelten Werte sind gemäß § 5 RZPO. zusammenzurechnen (also: 500 + 400 RM.).

Sind die Pfandgläubiger durch verschiedene Anwälte vertreten, dann gilt für diese das unter c Gesagte.

Die aufgeführten Beispiele gründen sich auf die folgende Entscheidung des OLG. Hamm in JW. 1933, 539, 19:

„Sind nun verschiedene Gegenstände von mehreren Gläubigern wegen verschiedener Forderungen gepfändet, so wird das Interesse des Intervenienten nach obenhin durch den Gesamtwert der Pfandgegenstände auch dann begrenzt, wenn einzelne Forderungen höher sind, als der Wert des zugehörigen Pfandgegenstandes.

Das Interesse des Klägers kann geringer sein, als der Gesamtwert der Pfandstücke, wenn einzelne Forderungen ihrem Betrage nach unter dem Werte des zugehörigen Pfandstückes bleiben. In diesem Falle ist der Streitwert in der Weise zu bestimmen, daß der Streitwert für das Pfandrecht eines jeden Gläubigers nach § 6 RZPO. ermittelt wird und die so gewonnenen Werte nach § 5 RZPO. zusammengerechnet werden. So kann der sich ergebende Streitwert nie das Interesse des Klägers, den Gesamtwert der Pfandgegenstände, überschreiten.

Wenn mehrere Gläubiger denselben Gegenstand gepfändet haben, liegt die Sache anders.

Wollte man hier in gleicher Weise verfahren, so würde der Wert des Pfandgegenstandes mehrfach in die Rechnung eingesetzt werden und der Streitwert den Wert des Pfandstückes in allen Fällen übersteigen, in denen der Gesamtwert der Forderungen nicht hinter dem

Wert des Pfandgegenstandes zurückbleibt, oder ihn gerade erreichen. Dieses Ergebnis würde dem allgemeinen Grundsatz, daß das Interesse des Klägers für den Streitwert maßgebend ist, widersprechen, der in § 6 RZPO. seinen besonderen Ausdruck gefunden hat.

Ein jeder Prozeßbevollmächtigte darf seine Gebühren aber nur im Rahmen seines Auftrages liquidieren.

Darüber, wie hoch für diesen der Streitwert anzunehmen ist, ist im Kostenfestsetzungsverfahren zu entscheiden. Hier ist dann der Wert des einzelnen Pfandgegenstandes nach § 6 RZPO. zu ermitteln."

Wiederaufnahmeklage.

Der Streitwert kann nicht höher sein, als der Wert des Streitgegenstandes in der Hauptsache, in der das zu beseitigende Urteil ergangen ist. RG. I. ZS. v. 8. 10. 1932, I 84/32 in Rechtspfleger 1933, Heft 4; ebenso: HRR. 1930, Nr. 1770.

Wiederkehrende Nutzungen oder Leistungen.

Siehe auch bei: Bürge, Geldrente, Unterhaltsklagen, Ehesachen.

§ 9 RZPO. lautet:

Der Wert des Rechts auf wiederkehrende Nutzungen oder Leistungen wird nach dem Werte des einjährigen Bezugs berechnet und zwar:

auf den zwölfeinhalbfachen Betrag, wenn der künftige Wegfall des Bezugsrechts gewiß, die Zeit des Wegfalls aber ungewiß ist,

auf den fünfundzwanzigfachen Betrag, bei unbeschränkter oder bestimmter Dauer des Bezugsrechts. Bei bestimmter Dauer des Bezugsrechts ist der Gesamtbetrag der künftigen Bezüge maßgebend, wenn er der geringere ist.

§ 9 RZPO. hat aber nur Bedeutung für die Feststellung der sachlichen Zuständigkeit der Gerichte, sowie für die Feststellung der Berufungs- und Revisionssumme.

Er gilt auch für die Gebührenberechnung, soweit nicht der § 10 GKG. eine andere Regelung trifft.

§ 10 GKG. lautet:

I. Ist das Bestehen oder die Dauer eines Pacht- oder Mietverhältnisses für einen längeren als einjährigen Zeitraum streitig, so wird der Wert auf den Betrag des einjährigen Zinses berechnet.

Bis zum 1. April 1935 gilt aber folgende Fassung: Ist das Bestehen oder die Dauer eines Miet- oder Pachtverhältnisses streitig, so ist der Betrag des auf die streitige Zeit entfallenden Zinses und, wenn der einjährige Zins geringer ist, dieser Betrag für die Wertberechnung maßgebend. Geht der Anspruch auf Räumung eines vermieteten oder verpachteten Grundstücks, Gebäudes oder Gebäudeteiles, so ist ohne Rücksicht darauf, ob über das Bestehen des Miet- oder Pachtverhältnisses Streit besteht, der vierteljährliche Zins maßgebend, sofern sich nicht nach der Vorschrift des Satzes 1 ein geringerer Streitwert ergibt.

II. Bei Ansprüchen auf Erfüllung einer auf gesetzlicher Vorschrift beruhenden Unterhaltspflicht wird der Wert des Rechts auf die wiederkehrenden Leistungen, falls nicht der Gesamtbezug der geforderten Leistungen geringer ist, auf den Betrag des einjährigen Bezugs berechnet.

III. Bei Ansprüchen auf Entrichtung einer Geldrente, die nach den §§ 843, 844 BGB. (RGBl. 1896, S. 195), den §§ 3, 3a, 7 des Ges. betr. die Verbindlichkeit zum Schadensersatze für die bei dem Betriebe von Eisenbahnen, Bergwerken usw. herbeigeführten Tötungen und Körperverletzungen (RGBl. 1871, S. 207; 1896, S. 616), den §§ 10, 11, 13 des Gesetzes über den Verkehr mit Kraftfahrzeugen (RGBl. 1909, S. 437) oder den §§ 21, 22, 24 des Luftverkehrsgesetzes (RGBl. 1922, I, S. 681) erhoben werden, wird der Wert des Rechts auf wiederkehrende Leistungen, falls nicht der Gesamtbetrag der geforderten Leistungen geringer ist, auf den fünffachen Betrag des einjährigen Bezugs berechnet. Das gleiche gilt für die Berechnung des Wertes bei Geltendmachung der Ansprüche auf wiederkehrende Leistungen aus dem Beamten- und Arbeitsverhältnis.

IV. Ist für die Dauer des Rechtsstreits, welcher eine Ehesache betrifft, über die Unterhaltspflicht der Ehegatten zu entscheiden, so wird der Wert des Rechtes auf Entrichtung einer Geldrente auf den halbjährigen Betrag derselben berechnet.

Der Unterschied in der Berechnung macht sich wie folgt bemerkbar:

a) Ein durch einen Kraftfahrzeugunfall Geschädigter klagt auf eine Monatsrente von 10 RM. bis ans Lebensende.
Für die sachliche Zuständigkeit ist Streitwert: 1500 RM.
(Berechnung: 10 RM. mal 12 = 120 RM. mal 12,5 = 1500 RM.)
Für die Gebührenberechnung gilt als Streitwert: 600 RM.
(Berechnung: 10 RM. mal 12 = 120 RM. mal 5 = 600 RM.)

b) Ein uneheliches Kind verlangt einen monatlichen Unterhalt von 40 RM.
Für die sachliche Zuständigkeit ist Streitwert: 6000 RM.
(Berechnung: 40 RM. mal 12 = 480 RM. mal 12,5 = 6000 RM.)
Diese Berechnung hat aber nur theoretische Bedeutung, weil für „Ansprüche aus einem außerehelichen Beischlaf" nach § 23 GVG. die Amtsgerichte unbeschränkt zuständig sind.
Für die Gebührenberechnung ist Streitwert: 480 RM.
(Berechnung: 40 RM. mal 12 = 480 RM.)

c) Kläger begehrt eine Rente nach § 912 BGB. in der monatlichen Höhe von 10 RM.

Für die sachliche Zuständigkeit ist Streitwert: 3000 RM. (Berechnung: 10 RM. mal 12 = 120 RM. mal 25 = 3000 RM.)

Dieser Streitwert gilt auch für die Gebührenberechnung, weil das Gerichtskostengesetz (§§ 9f.) eine andere Berechnungsweise nicht vorschreibt.

Rückstände bis zur Klageerhebung:

Wenn neben dem Recht auf wiederkehrende künftige Leistungen die bis zur Klageerhebung fälligen rückständigen Leistungen verlangt werden, liegt Klagehäufung vor. In beiden Fällen (Berechnung nach § 9 RZPO. und § 10 GKG.) werden diese rückständigen Beträge dem Streitwert gesondert hinzugerechnet.

OLG. München (BayZ. 1933, 45), OLG. Bamberg (BayZ. 1931, 163), OLG. Kiel (Rechtspfleger 1930, Heft 7), RG. 77, 325 errechnen bei der Geltendmachung von Unterhaltungsansprüchen auch dann den Wert des Streitgegenstandes aus der Summe der laufenden und der bis zur Klageerhebung rückständigen Beträge, wenn in dem Klageantrag keine Ausscheidung erfolgt ist. (Wegen der örtlich verschiedenen Streitwertberechnung empfiehlt es sich stets in der Klage die Rückstände gesondert aufzuführen.)

RG. 114, 274 erklärt: Wenn das Recht auf Rentenzahlung im Wege der Klage geltend gemacht wird und die einzelnen Bezüge ihrem Werte nach unverändert bleiben und vorher fällig gewordene Beträge nicht gefordert werden, so kommt die besondere Berechnung von Rückständen nicht in Frage, ebenso sind für wiederkehrende Leistungen die nach Geltendmachung des Rechts fällig gewordenen Beträge besonders zu berechnen.

Übergang von der Feststellungs- zur Leistungsklage.

Wenn der Beklagte von der ursprünglich erhobenen Feststellungsklage im Laufe des Prozesses zur Leistungsklage auf Zahlung von Rente übergeht, so sind für die Wertbestimmung Rückstände bis zum gestellten Leistungsbegehren der Rente hinzuzurechnen. RG. 77, 324.

Stützung des Klageanspruchs auf Vertrag, Testament usw. Siehe bei Unterhaltsklagen.

Für die sachliche Zuständigkeit errechnet sich der Streitwert auf den:

zwölfeinhalbfachen Betrag des Jahresbezugs: bei lebenslänglicher Pension oder Rente, bei Unterhaltsansprüchen unehelicher Kinder, überhaupt in allen Fällen, wo der künftige Wegfall des Bezugsrechts gewiß, der Zeitpunkt des Wegfalls aber ungewiß ist;

ist der Zeitpunkt des Wegfalls mit Sicherheit vor 12½ Jahren zu erwarten, dann müssen die Gesamtleistungen errechnet werden: diese bilden dann den Streitwert;

fünfundzwanzigfachen Betrag des Jahresbezugs: bei erblicher Leibrente, bei der Rente aus § 912 BGB. und in allen Fällen der unbeschränkten Dauer des Bezugsrechts.

§ 9 RZPO. ist nicht anwendbar bei ununterbrochenen und ganz unregelmäßigen Leistungen, bei Jagdrechten, Wohnungsrechten und bei Einzelleistungen.

Elektrizitäts-, Gas- und Wasserversorgungsverträge sind einheitliche Dauerverträge und keine Wiederkehrschuldverhältnisse, OLG. Hamburg in JW. 1933, 2230, 25.

Bei vorübergehend wiederkehrenden Leistungen (z. B. Leistungen für die Dauer des Aufenthalts in einer Lungenheilstätte) errechnet sich der Streitwert aus § 3 RZPO. LG. Hamburg in JW. 1929, 2634, 4 u. RG. 24, 375, 37, 382.

Bei schwankenden Beträgen errechnet sich der Streitwert nach dem Durchschnittsbetrag der auf die gesamte streitige Zeit fallenden Rente. OLG. Kiel in Rechtspfleger 1931, Heft 2.

§ 3 RZPO. ist für anwendbar erklärt:

a) wenn die einer Person zu gewährenden Leistungen erst nach einer Reihe von Jahren beginnen sollen, RG. 26, 409,
b) bei Bezugsrechten, von denen gewiß ist, daß sie kürzer als 12½ Jahre dauern (Klage eines 89jährigen auf Monatsrente). OLG. Frankfurt a. M. in JW. 1926, 70, 4; ähnlich: LG. Fürth in JW. 1922, 1422, 10.
c) wenn Antragsteller Schadensersatzansprüche nach §§ 823, 843 BGB. geltend macht und verlangt, daß ihm bis zur Erlassung des Urteils in 1. Instanz eine monatliche Rente zugebilligt werde, RG. in JW. 1930, 195, 59.

Wegen der Streitwertberechnung in der Beschwerdeinstanz: siehe unter B.

Zeuge: hier dessen Weigerung zur Abgabe des Zeugnisses.

Bei einem Zwischenstreit nach § 387 RZPO. ist Streitwert das Interesse des Beweisführers am Beweispunkt. Anm. 13 zu § 23 RAGO. v. Baumbach; a. M. Willenbücher, Anm. 14 zu § 23 RAGO. (Wert der Hauptsache).

Zinsen (als Nebenforderungen).

Zinsen bleiben bei der Berechnung des Streitwerts außer Betracht, wenn sie in dieser Eigenschaft geltend gemacht werden.

Es ist nicht ausschlaggebend, in welche äußere Form das Zinsverlangen gekleidet wird, ob die Zinsen als gesonderter Betrag berechnet oder mit der Hauptforderung in eine einheitliche Summe zusammengefaßt werden oder in einem fortlaufenden Hundertsatz der Hauptforderung angegeben sind.

Entscheidend ist vielmehr:

a) ob es sich um wirkliche Zinsen handelt, also um regelmäßig wiederkehrende Beträge einer Geldforderung, die in einem bestimmten Verhältnis zur Geldschuld ausgedrückt vom Hauptanspruch abhängig und neben ihm geschuldet sind,

b) ob sie im Rechtsstreit als Nebenforderung geltend gemacht sind, d. h., ob sie als eine von der Hauptforderung abhängige Leistung verlangt werden.

Siehe hiewegen auch: BayZ. 1925, 217.

Die Zinsen sind demnach Nebenforderungen (die vertraglichen und die gesetzlichen):

1. wenn sie aus dem Gesamtkapital neben einem Rest dieses Kapitals geltend gemacht werden, RG. 60, 112f., Stein-Jonas; RZPO. § 4 Anm. III, Abs. 1.
   Entscheidg. d. OLG. München v. 14. 12. 33; BeschwReg. Nr. 227/34, IV, JW. 1930, 177, 20; OLG. Stuttgart und RG. in JW. 1927, 2129, 28 (wenn sie aber von einem nichteingeklagten Teil des Hauptanspruches geltend gemacht werden, sind sie insoweit Hauptforderung. OLG. Kiel, in JW. 1930, 174, 15);
2. wenn sie beim unechten Kontokorrent in die Hauptforderung eingerechnet sind;
3. wenn sie den gesetzlichen Satz der Verzugszinsen zu 4 oder 5% überschreiten und unter dem Gesichtspunkt der „Geltendmachung eines weiteren Schadens" — § 288 II BGB. gefordert werden, RG. in JW. 1927, 1308; JW. 1927, 2129, 28 u. RG. in JW. 1934, 2771, 11.
4. wenn sie zusammen mit dem Kaufgeld eingeklagt werden, ob sie nun vereinbart sind oder nicht und den gesetzlichen Zinsfuß übersteigen oder nicht als Verzugsschaden geltend gemacht werden, LG. Stolp in JW. 1926, 883, 21,
5. wenn sie im Anfechtungsprozeß des Konkursverwalters mitgefordert werden, RG. in JW. 1929, 844, 1;
   (sie sind aber Hauptforderung, wenn sie im Anfechtungsprozeß auf Grund des Anfechtungsgesetzes geltend gemacht werden);
6. wenn gemäß § 717 II RZPO. durch einfachen Prozeßantrag die Rückerstattung der bezahlten Beträge verlangt wird (also Hauptforderung, Zinsen usw.), JW. 1894, 125, u. Rsp. 15, 157; auch RG. 124, 182;
7. bei der Geltendmachung eines Pfandrechts oder eines Löschungsanspruches, RG. in JW. 1892, 158;
8. bei einem Streit über ein Absonderungsrecht im Konkurs, RG. 7, 327;
9. bei Klagen aus §§ 767 und 771 RZPO., JW. 1902, 358, 2 und RG. 28, 429.

Zinsen sind Hauptforderung:

1. wenn sie durch ausdrückliche Vereinbarung der Parteien kapitalisiert worden sind,
2. im echten Kontokorrentverhältnis,
3. wenn sie von einem nichteingeklagten Teil mit einem anderen Teil der Hauptforderung eingeklagt werden, OLG. Kiel in JW. 1930, 174, 15,

4. wenn sie ohne den Hauptanspruch eingeklagt werden,
5. wenn sie im Anfechtungsprozeß auf Grund des Anfechtungsgesetzes geltend gemacht werden, RG. 139, 239 und RG. 26, 413 und OLG. Kiel, 2. ZS. in Rechtspfleger 1934, S. 642 und DRZ. 1934, S. 270, Nr. 268 (bei Anfechtungen des Konkursverwalters sind sie aber Nebenforderungen!),
6. wenn auf Einwilligung in die Auszahlung einer hinterlegten Streitmasse geklagt wird, RG. in SeuffA. 85, 125; s. auch Rechtspfleger 1931, Heft 5,
7. wenn auf Aufhebung eines Schiedsspruchs gemäß § 1041 RZPO. geklagt wird, RG. in Rechtspfleger 1930, Heft 9,
8. insoweit sie als Amortisationszinsen die gesetzlichen oder vertraglichen Zinsen übersteigen,
9. wenn sie als Zinsen eines (erledigten) Anspruches mit anderen nicht erledigten Ansprüchen sich noch im Streit befinden, RG. in JW. 1927, 2129 u. RG. 60, 112,
10. wenn sie in ihrer Eigenschaft als Zinsforderung nicht den Charakter einer Nebenforderung tragen, RG. in JW. 1927, 1308, 1,
11. gleichviel, ob sie als Nebenforderungen geltend gemacht werden oder nicht, prozessual aber als „Schäden" zu behandeln sind, RG. in JW. 1927, 1308, 1,
12. wenn sie mit dem Hauptanspruch gemäß § 717 II RZPO. widerklagsweise geltend gemacht werden, RG. 124, 182 (nicht aber bei einem einfachen Prozeßantrag),
13. wenn sie auf einen Dritten übergegangen sind und von diesem als Streitgenossen geltend gemacht werden,
14. wenn der in Anspruch genommene Bürge gegen den Hauptschuldner klagt,
15. wenn gegen die Frau ein Titel vorliegt und auf Grund dieses gegen den Ehemann Klage auf Duldung der Zwangsvollstreckung erhoben wird, RG. in JW. 96, 172; KG. in JW. 1933, 2074, 11; OLG. Kiel in DRZ. 1932, Nr. 805,
16. bei der Klage auf Einwilligung in die Auszahlung einer hinterlegten Streitmasse die bis zur Einlegung der Revision aufgelaufenen Zinsen, RG. in Rechtspfleger 1931, Heft 5,
17. siehe auch Widerspruchsklage.

Berufung wegen der Zinsen:

Bei Erledigung des Rechtsstreits in der Hauptsache ist eine Berufung gegen die Entscheidung über die Zinsen nur zulässig, wenn sie den Betrag der Berufungssumme übersteigen.

Die Kosten des Rechtsstreits dürfen nicht hinzugerechnet werden. RG. in JW. 1931, 1035, 12.

Zusammenrechnung verschiedener Klageansprüche.

Mehrere in einer Klage (oder Widerklage) geltend gemachten Ansprüche werden zusammengerechnet.

Die Zusammenrechnung erfolgt zwecks Feststellung der sachlichen Zuständigkeit und der Ermittlung der Berufungs- und Revisionssumme.

Der sich darnach errechnende Wert gilt auch für die Gebührenberechnung mit folgenden Ausnahmen:

a) Ist mit einem nichtvermögensrechtlichen Anspruch ein aus ihm hergeleiteter vermögensrechtlicher verbunden, so ist nur ein Anspruch, und zwar der höhere, maßgebend, § 11 GKG.

b) Bei der Stufenklage nach § 254 RZPO. ist nur einer der verbundenen Ansprüche, und zwar der höhere maßgebend, § 12 GKG.

c) Wegen Klage und Widerklage und wechselseitig eingelegten Rechtsmitteln: siehe Widerklage.

Die Verbindung nach § 147 RZPO. hat keinen Einfluß auf die nach § 4 RZPO. durch die Klageerhebung begründete sachliche Zuständigkeit.

Wenn von einem der erhobenen Ansprüche das Amtsgericht sachlich unbeschränkt zuständig ist, findet zum Zwecke der Feststellung der sachlichen Zuständigkeit insoweit keine Zusammenrechnung statt; wohl aber für die Gebührenberechnung.

Es werden also diejenigen erhobenen selbständigen Ansprüche zusammengerechnet, welche einander nicht ausschließen.

Nicht zusammengerechnet werden:

a) die Ansprüche auf Leistung und Duldung,

b) die Haupt- und Nebenforderungen, § 4 RZPO.,

c) die Ansprüche bei Gesamtschuldverhältnissen,

d) die Haupt- und Hilfsanträge,

e) die Ansprüche auf Abnahme und Zahlung,

f) siehe auch bei Widerklage, Absonderungsansprüche, Alternativklagen, Ehesachen, Vaterschaft.

Zwangsvollstreckung.

In der Zwangsvollstreckung ist grundsätzlich für die Unterscheidung von Haupt- und Nebenforderungen, soweit die Bemessung des Streitwerts in Betracht kommt, kein Raum (siehe § 15 II GKG.). § 4 RZPO. bleibt außer Betracht.

Früchte, Nutzungen, Zinsen, Kosten, Schäden usw. (mit Ausnahme der Kosten der Zwangsvollstreckung) sind also mitzuberechnende Teile für die Akte der Zwangsvollstreckung.

§ 15 II GKG. ist nur eingefügt zur Erweiterung des Rahmens der Zinsenberechnung.

Siehe auch bei: Arrestverfahren, Widerspruchsklage, Vollstreckungsgegenklage, Vermieterpfandrecht, Offenbarungseid usw.

Bei Herausgabe von Aktien und Wertpapieren, welche einen Kurswert haben, bei Devisen usw. ist auch in der Zwangsvollstreckung der Kurswert der Streitwert, welchen die Papiere oder Devisen im Zeitpunkte des **Beginns** der Vollstreckungshandlung haben. § 9 II Satz 2 GKG.

Die Zwangsvollstreckung beginnt in dem Augenblick, wo die Tätigkeit des Gerichtsvollziehers nach **außen hin erkennbar** wird.

Demnach: bei Eintragung einer Vormerkung im Grundbuch mit der Anordnung der Eintragung durch den Grundbuchbeamten,
bei der Ableistung des Offenbarungseides mit der Bestimmung des Termins,
bei der Vorpfändung mit der Zustellung der Mitteilung an den Drittschuldner,
bei der Mobiliarpfändung mit Vornahme der Vollstreckungshandlung durch den Gerichtsvollzieher;

siehe auch: Anm. 7 II vor § 704 RZPO. Stein-Jonas, Anm. VIII 1, Abs. III vor § 704 w. v.

Soweit die Zwangsvollstreckung den Gerichten zugewiesen ist (§§ 828 f., 835 f., 887 f., 930 RZPO.), beginnt sie mit dem Zeitpunkt, wo das Gericht die Vollstreckungsmaßregel verfügt.

Zwischenstreit.

a) **Zwischenstreit nach § 135 RZPO.** (Herausgabe von Urkunden durch einen Rechtsanwalt). Das Zwischenurteil ist mit sofortiger Beschwerde anfechtbar.

Bei der Streitwertberechnung ist maßgebend das Interesse der Partei an der herauszugebenden Urkunde.

b) **Zwischenstreit nach § 304 RZPO.** (Entscheidung über den **Grund des Anspruchs**). Das Zwischenurteil ist mit Berufung anfechtbar. Der Streitwert ist der Wert der Hauptsache. RG. in JW. 1896, 596, 2 und JW. 1898, 385, 1.

c) **Zwischenstreit nach §§ 274, 275 RZPO.** (Entscheidung über prozeßhindernde Einreden). Gegen das Urteil ist Berufung zulässig. Der Streitwert ist der Wert der Hauptsache. RG. 40, 416.

d) **Zwischenstreit nach § 71 RZPO.** (Nebenintervention). Das Urteil ist mit sofortiger Beschwerde anfechtbar.

Bei der Berechnung des Wertes des Streitgegenstandes ist zu unterscheiden, ob der Intervenient an dem völligen Obsiegen der Partei, der er zur Unterstützung beigetreten, Interesse hat oder nur an dem teilweisen Obsiegen.

Daher ist der Streitwert der Nebenintervention nach dem Streitwert des Hauptprozesses zu berechnen, wenn der Nebenintervenient an dem völligen Obsiegen der Partei, welcher er beigetreten ist, ein rechtliches Interesse hat. RG. 111, 410.

Dies ist besonders dann der Fall, wenn der Nebenintervenient beim Unterliegen der Hauptpartei Rückgriffe in voller Höhe zu fürchten hat. KG. in JW. 1929, 878, 28 (siehe auch bei: Nebenintervention).

e) Zwischenstreit nach §§ 303—366, 461 RZPO. Das Urteil ist selbständig nicht anfechtbar.

Bei diesem Urteil ist zu unterscheiden, ob sie sich auf die Sache selbst beziehen oder nur über einzelne Streitpunkte entscheiden.

Während im ersteren Falle (Sachurteile) der Streitwert der Hauptsache oder der betr. Teilbetrag maßgebend ist, ist im anderen Fall der Streitwert nach § 3 RZPO. frei zu schätzen.

f) Zwischenstreit nach § 387 RZPO. (Weigerung eines Zeugen zur Abgabe des Zeugnisses). Das Zwischenurteil ist mit sofortiger Beschwerde anfechtbar.

Streitwert ist das Interesse des Beweisführers am Beweispunkt. Anm. 13 zu § 23 RAGO. v. Baumbach; a. M. Willenbücher, Anm. 14 zu § 23 RAGO. (Wert der der Hauptsache).

g) Die Ausführungen unter f gelten auch für den Sachverständigen.

Kolibri 360 GmbH
Ferdinand-Jühlke-Straße 7
99095 Erfurt, Deutschland
produktsicherheit@kolibri360.de